STAR WARS®

TOUT SUR LA TRILOGIE

BOBA FETT

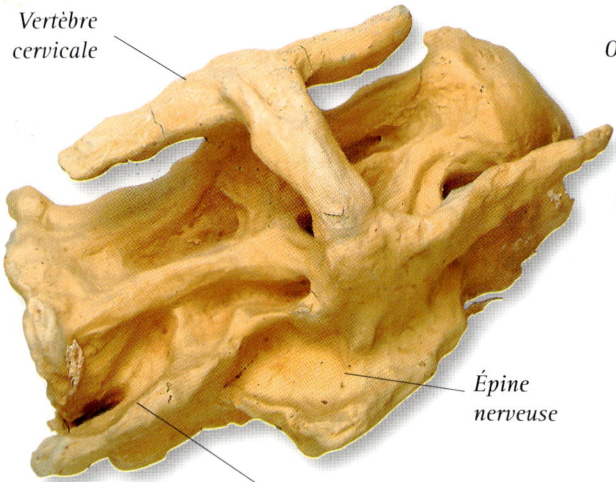

VERTÈBRE CERVICALE DE CRÉATURE DES SABLES

OS DE CRÉATURE DES SABLES DE TATOOINE

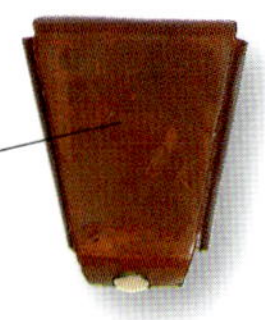

ÉTUI DE CEINTURE DE LUKE SKYWALKER

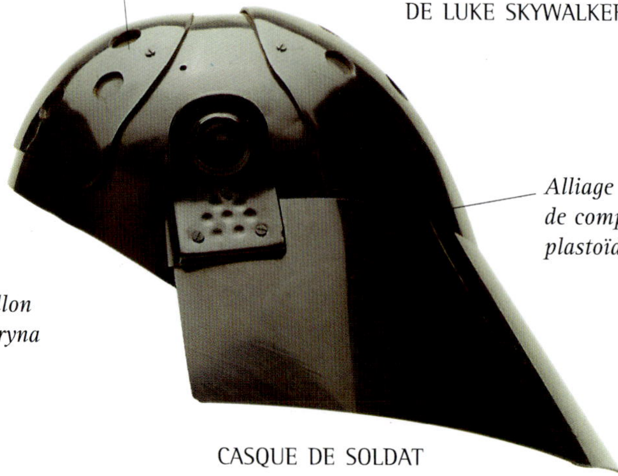

CASQUE DE SOLDAT DE L'ÉTOILE NOIRE

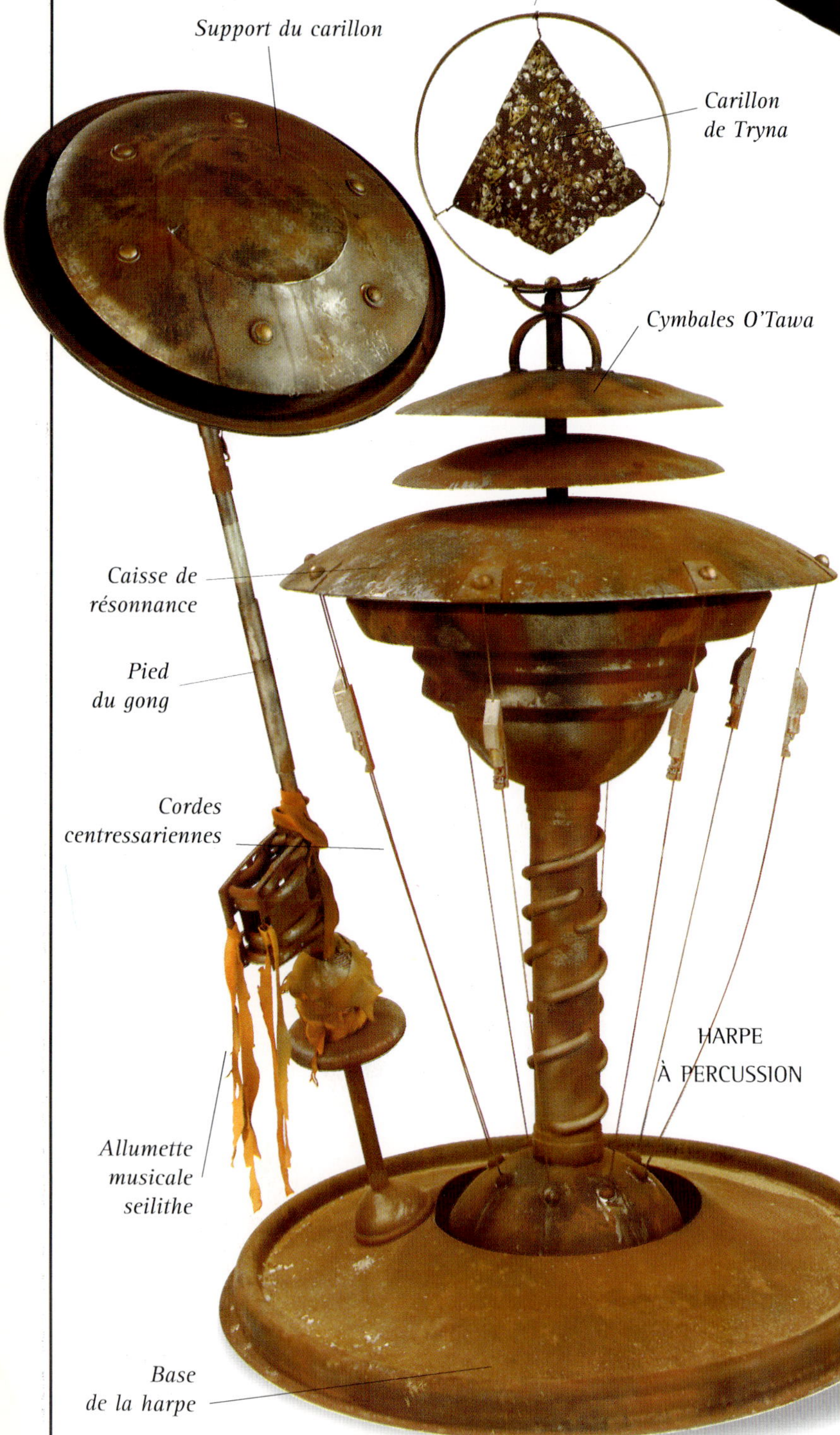

HARPE À PERCUSSION

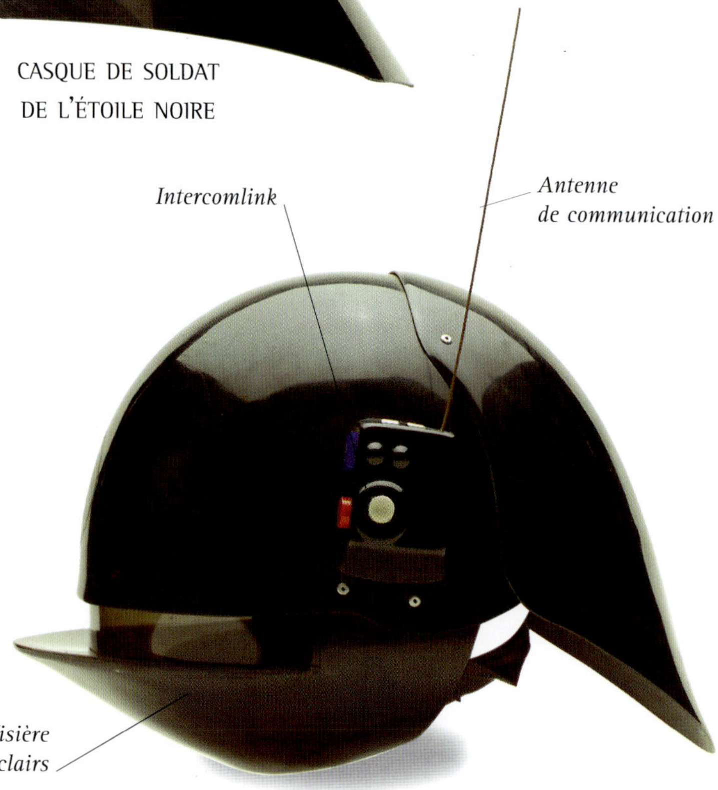

CASQUE D'ARTILLEUR DE L'ÉTOILE NOIRE

SABRE-LASER DE DARK VADOR

NOYAU ÉNERGÉTIQUE D'UN SABRE-LASER

STAR WARS®

TOUT SUR LA TRILOGIE

CANE DE L'EMPREUR

Écrit par
DAVID WEST REYNOLDS

Prototypes, maquettes, modèles
DON BIES & NELSON HALL

Photographies
ALEXANDER IVANOV

Traduction
VANESSA LAC

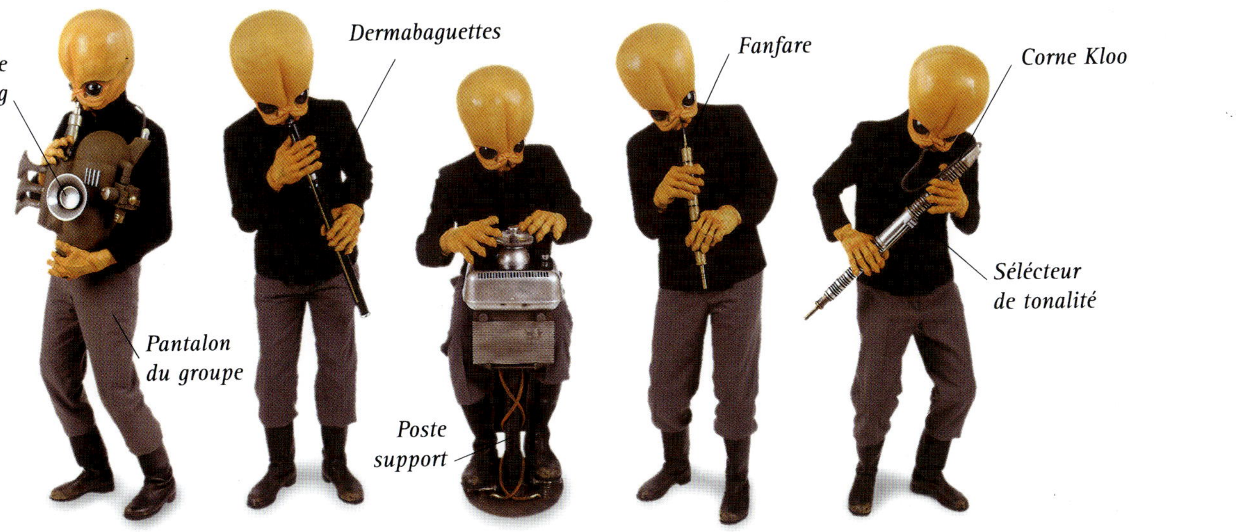

FIGRIN D'AN ET LES MODAL NODES

ÉTUI DE CEINTURE DE LUKE SKYWALKER

www.starwars.com LUCAS BOOKS Nathan www.nathan.fr

Sommaire

TIGE DE DÉCODAGE DU GRAND MOFF TARKIN

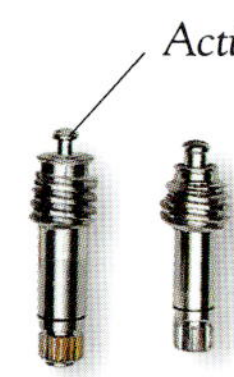

TIGES DE DÉCODAGE DE L'AMIRAL MOTTI

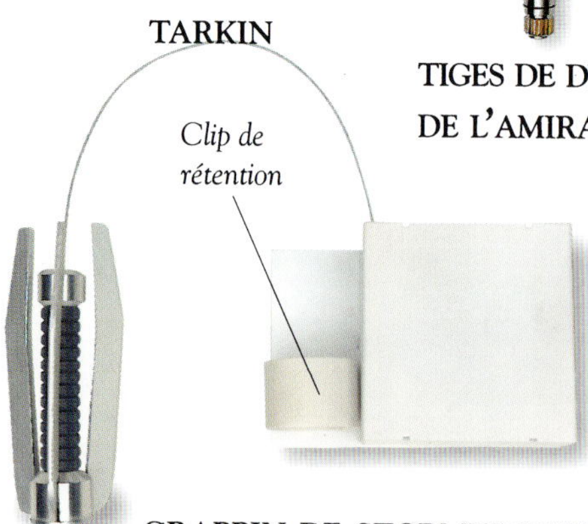

GRAPPIN DE STORMTROOPER

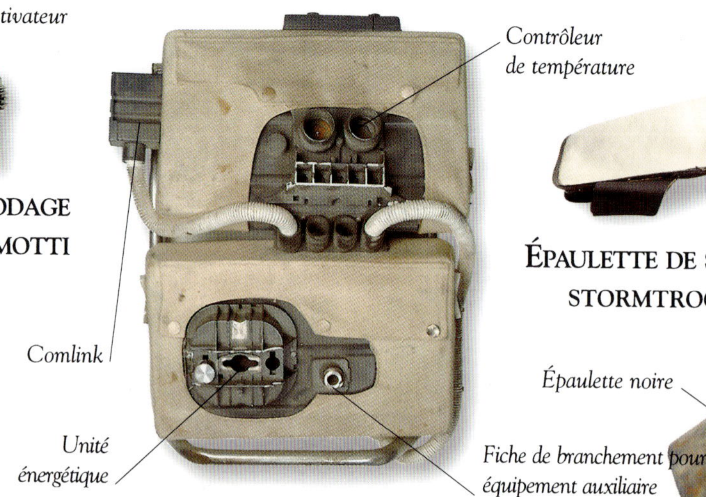

PACK DORSAL REBELLE SUR ENDOR

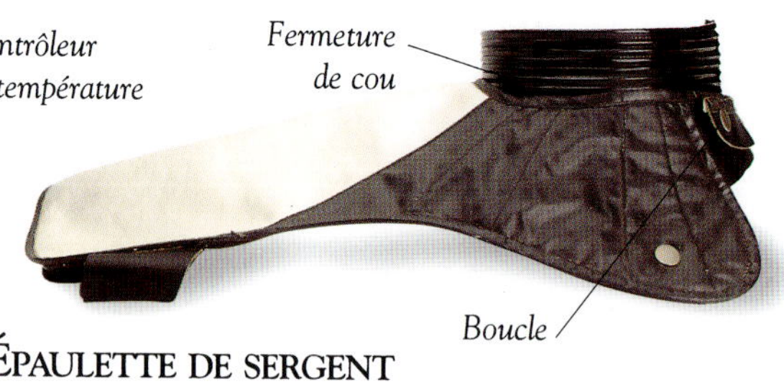

ÉPAULETTE DE SERGENT STORMTROOPER

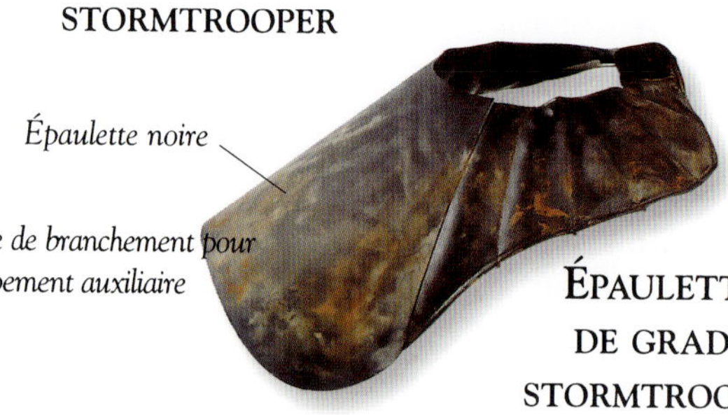

ÉPAULETTE DE GRADE STORMTROOPER

Introduction

L'UNIVERS FANTASTIQUE de la trilogie *Star Wars* a pris peu à peu une curieuse dimension de réalité. Créés pour le cinéma, les vêtements, armes, technologies et autres accessoires qui figurent dans ce livre nous semblent familiers, fonctionnels sans être incongrus et les détails leur donnent l'aspect d'objets existants. Les personnages, créatures et droïdes de *Star Wars* ont été dotés d'origines et d'une vie personnelle qui justifient leurs aventures à l'écran. Grâce à l'extraordinaire richesse de l'univers de *Star Wars*, la fiction devient réalité. Le travail dévoué de nombreux artistes et acteurs inspirés a donné naissance à un monde si minutieux qu'on peut l'observer intensément et, à chaque fois, y découvrir de nouvelles subtilités. Ce livre répertorie en détail tous les constituants tangibles de la saga *Star Wars*, expliqués avec plus de clarté que jamais. Vous pourrez ainsi presque toucher du doigt cette réalité imaginaire. Vous tenez entre vos mains un guide et un passeport pour un monde dans lequel le blaster émet un souffle d'ozone et les sombres canyons rocheux de Tatooine abritent un mystérieux regard.

Bienvenue dans l'univers de *Star Wars*.

CASQUE DE STORMTROOPER EN COUPE

Technologies particulières

DEPUIS DES MILLÉNAIRES, la haute technologie a cours dans toute la galaxie, croissant et déclinant au gré des ascensions et des chutes des civilisations. Son évolution a suivi de nombreux et improbables chemins ; un développement valorisé par une culture peut être méprisé par la suivante. Une technologie traditionnelle comme celle du sabre-laser des Jedi peut rester la même pendant des siècles. À l'inverse, la pression militaire peut créer l'innovation dans des domaines restés inchangés pendant des millénaires. Les cultures se rencontrent et interagissent, et des appareils sophistiqués tombent entre les mains de groupes primitifs qui les utilisent parfois sans bien les maîtriser.

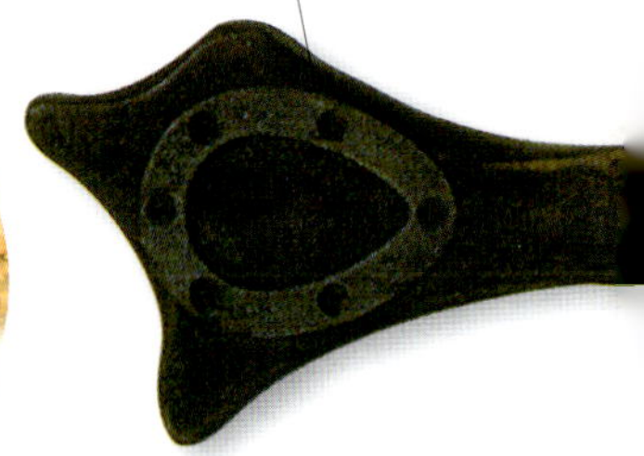

Les composants électroniques complexes peuvent être endommagés par une rafale d'ions. Les canons d'ions peuvent immobiliser un engin spatial sans l'endommager. Les propulseurs d'ions des Jawas paralysent les droïdes de la même façon.

SABRE-LASER DE DARK VADOR

SABRE-LASER D'OBI-WAN KENOBI

SECOND SABRE-LASER DE LUKE SKYWALKER

Les différences entre les sabres-laser sont liées à des histoires personnelles. Le sabre-laser de Dark Vador ressemble à celui qu'il utilisait pendant sa formation de Jedi, en plus sombre. Celui de Luke Skywalker s'apparente à celui de son mentor Obi-Wan Kenobi.

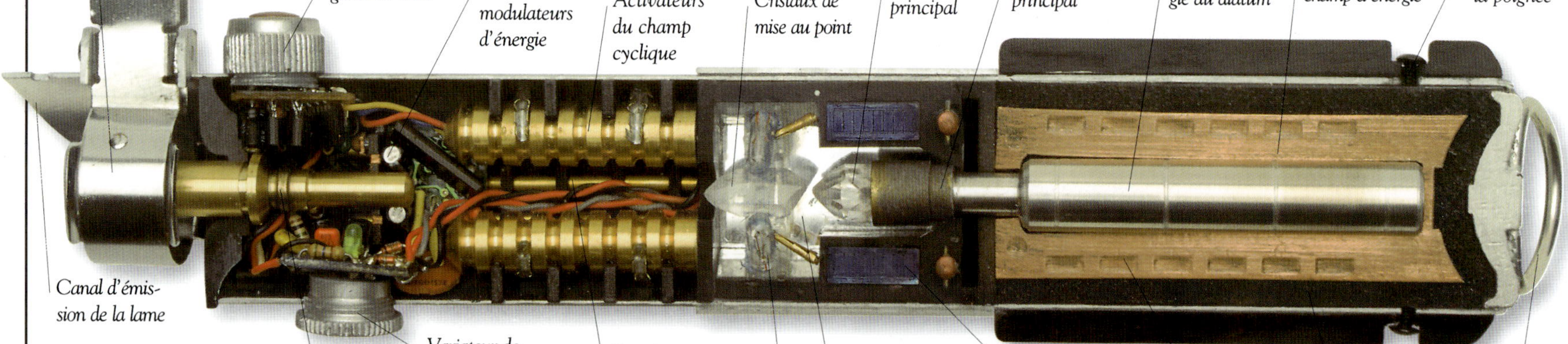

Les sabres-laser

Les sabres-laser ont tous la même structure de base, mais beaucoup sont personnalisés par leurs créateurs Jedi. Bien que la lame d'énergie pure n'ait pas de poids, les ondes générées par électromagnétisme engendrent un fort effet gyroscopique qui fait de la manipulation du sabre-laser un vrai défi. Construit selon un principe complexe d'ondes d'énergie étroitement canalisée, il nécessite la présence d'éléments faits de cristaux naturels, non synthétisables. Un sabre-laser doit être monté à la main, car il n'existe pas de formule exacte pour l'alignement des cristaux irréguliers. La plus légère erreur d'alignement cause l'explosion de l'arme au moment de l'activation.

Luke redonne vie au sabre de son père

Le légendaire sabre-laser est l'arme traditionnelle des chevaliers Jedi, gardiens de la justice depuis de nombreuses générations. Construire un sabre-laser opérationnel est un des tests que subissent les apprentis Jedi. En réussissant le délicat alignement, ils prouvent leur sensibilité à la Force.

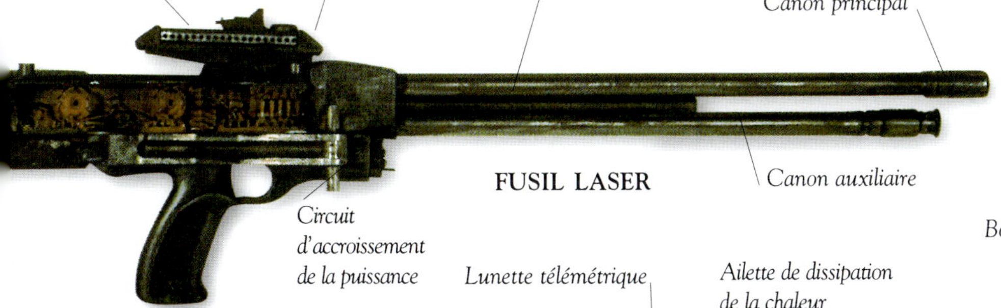

FUSIL LASER

CARABINE LASER

BLASTER D'ASSASSIN À COURTE PORTÉE

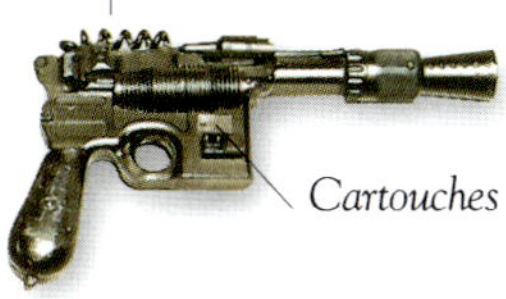

PISTOLASER

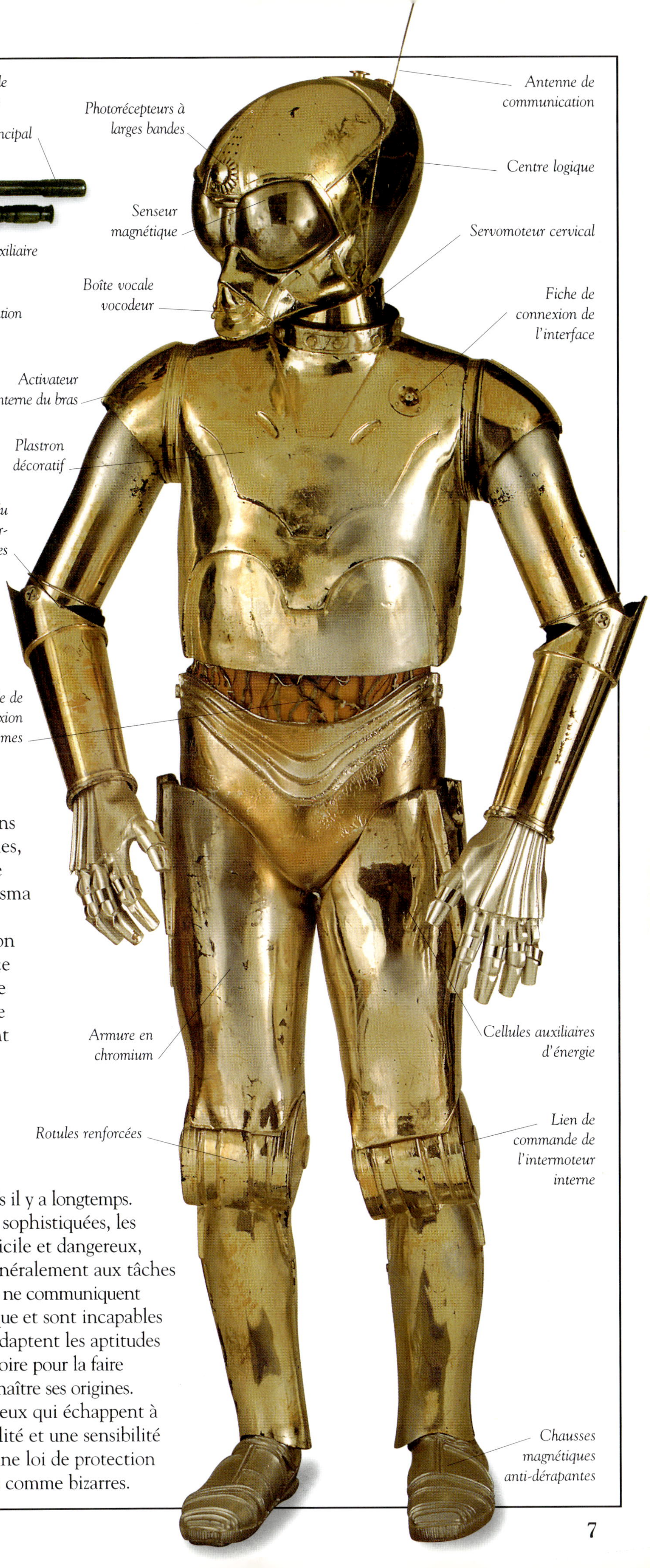

Armes blaster

Les munitions des blasters communs sont des gaz hautement énergétiques, activés par une cellule énergétique puis transformés en plasma. Le plasma est projeté à travers un système focal magnétique en un rayon d'énergie concentrée. Une instabilité inhérente limite la précision de la visée, mais une connaissance approfondie de l'arme renforce l'habileté au tir. L'énergie du plasma devient instable et se dissipe sur le trajet du rayon, ce qui limite la portée du tir. On augmente le rayon d'action en utilisant des canons plus longs qui canalisent les ondes d'énergie du plasma grâce à des circuits galvaniques, des cristaux et autres procédés additionnels.

Droïdes

Les êtres mécaniques ont été inventés il y a longtemps. Si leurs fonctions se sont beaucoup sophistiquées, les doter de perceptions s'est avéré difficile et dangereux, et leur programmation les limite généralement aux tâches qui leur sont assignées. Souvent, ils ne communiquent entre eux que sur un mode électronique et sont incapables de dialoguer en direct avec des humains. Les nouveaux maîtres réadaptent les aptitudes de leurs droïdes à leur nouvel environnement et effacent leur mémoire pour la faire « repartir à zéro ». Ainsi, un droïde peut avoir plusieurs vies sans connaître ses origines. Les personnes qui observent les droïdes de près s'aperçoivent que ceux qui échappent à ces « gommages de mémoire » tendent à développer une personnalité et une sensibilité propre, basée sur l'expérience. Au sein de l'Empire, il n'existe aucune loi de protection des droïdes, et ceux qui leur témoignent du respect sont considérés comme bizarres.

Luke Skywalker

LUKE ET BIGGS DARKLIGHTER

JEUNE FERMIER vivant sur la planète Tatooine, Luke Skywalker désire ardemment s'évader de son quotidien à la ferme hydroponique de son oncle. Il rêve de devenir pilote spatial mais il est tiraillé entre son désir de s'inscrire à l'Académie et sa loyauté envers son oncle et sa tante qui ont besoin de lui à la ferme. La découverte d'un message codé dans un de ses nouveaux droïdes va propulser Luke dans un univers d'aventures où il accomplira sa vraie destinée.

Le foyer de Luke est surtout souterrain, pour échapper à la chaleur des soleils jumeaux de Tatooine. Des tunnels relient la cour principale au puits-hangar et au garage couvert.

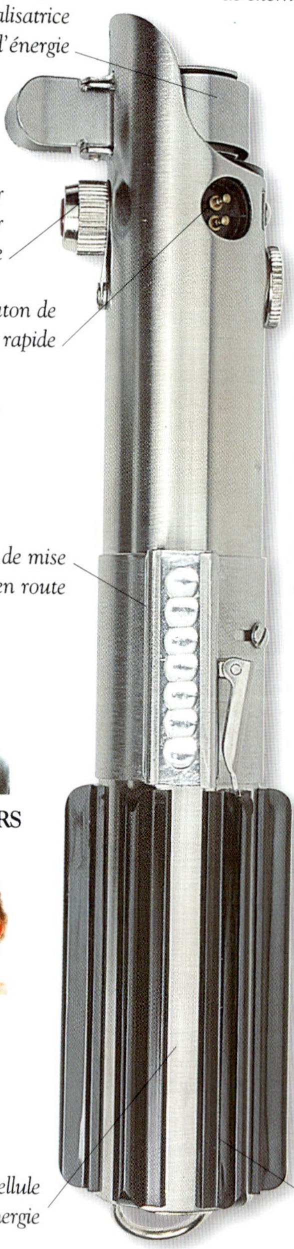

La station à générateurs de Tosh, dans la petite ville d'Anachore, offre à Luke une alternative au travail à la ferme. Il y retrouve ses amis pour discuter, jouer au billard électronique ou retaper des landspeeders ou des skyhoppers.

Luke découvre une partie du secret de ses origines quand Ben Kenobi lui offre le sabre-laser Jedi de son père. Entre les mains de Luke, l'arme reprend vie après de nombreuses années.

TANTE BERU LARS

ONCLE OWEN LARS

Sabre-laser

Héritage d'un autre temps, le sabre-laser de Luke appartenait à son père Anakin, chevalier Jedi de l'Ancienne République et guerrier de la Guerre des Clones. Symbole du destin de Luke, le sabre-laser ne ressemble à aucune autre arme. Luke le manie avec une aisance naturelle et progresse vite auprès de son mentor Ben Kenobi.

DOSSIER PERSONNEL

◆ Ami d'enfance de Luke Biggs Darklighter a quitté Tatooine pour s'engager à l'Académie. Ayant obtenu son brevet, il a été nommé officier sur le cargo *Rand Ecliptic*. Luke retrouve Biggs sur le pont d'envol de la base rebelle de Yavin 4, où il apprend qu'il est devenu pilote rebelle. Les deux amis combattent ensemble dans la difficile attaque de l'Étoile Noire.

◆ Parfois, les tempêtes de sable recouvrent la surface de Tatooine des jours durant, mais le travail sur l'évaporateur doit continuer. Les jours de grand vent, Luke porte un poncho du désert et des lunettes de protection.

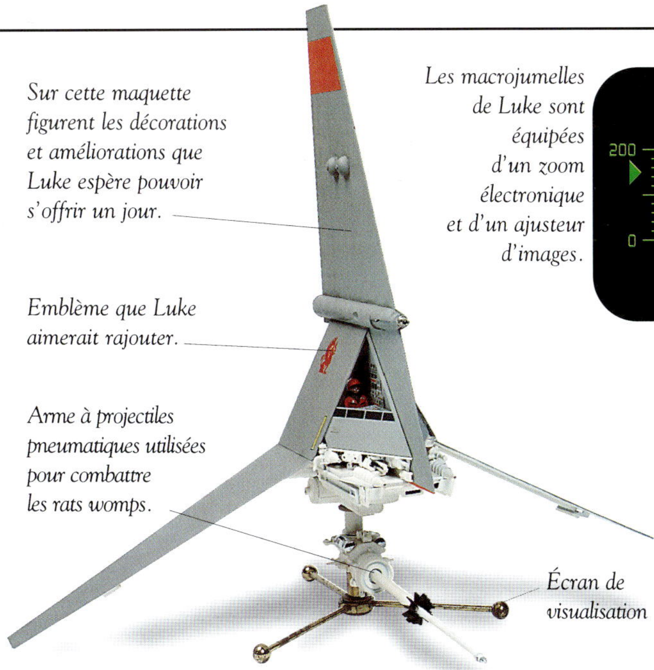

Sur cette maquette figurent les décorations et améliorations que Luke espère pouvoir s'offrir un jour.

Emblème que Luke aimerait rajouter.

Arme à projectiles pneumatiques utilisées pour combattre les rats womps.

Écran de visualisation

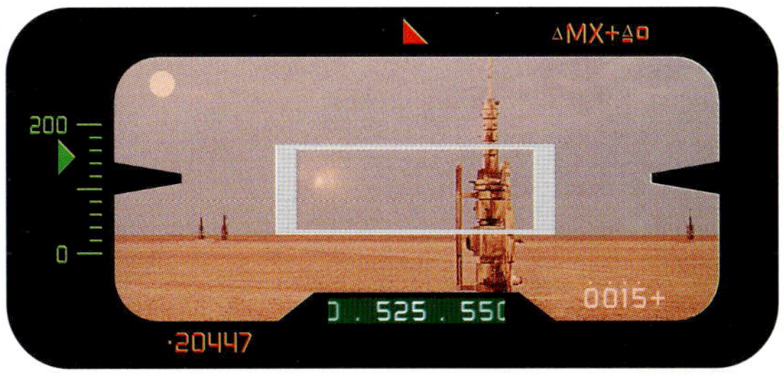

Les macrojumelles de Luke sont équipées d'un zoom électronique et d'un ajusteur d'images.

Alors qu'il travaille sur un vaporateur, Luke utilise ses macrojumelles pour observer, loin dans l'espace, une bataille entre deux vaisseaux.

Avec son T-16 Skyhopper suborbital (la maquette qu'il en a fait figure ci-dessus), Luke fait la course dans les étroits ravins du canyon de Begger et déloge les rats Womps de leurs tanières à coup de blaster. Lors des courses de la Saignée du Diable et de l'Aiguille de Pierre, Luke a prouvé ses talents de pilote. Il ne peut partir à la recherche de R2-D2 en Skyhopper, son oncle le lui ayant interdit pour cause d'imprudence.

Le landspeeder de Luke

Le landspeeder X-34 de Luke plane au-dessus du sol grâce à des répulseurs à basse puissance qui lui permettent de flotter même à l'arrêt. Trois turbines entraînent l'effet de répulsion et lancent le speeder à travers les grands espaces du désert. Le pare-brise peut se fermer et former une bulle hermétique, mais Luke n'a pas réussi à réparer l'arrière, et garde le cockpit ouvert.

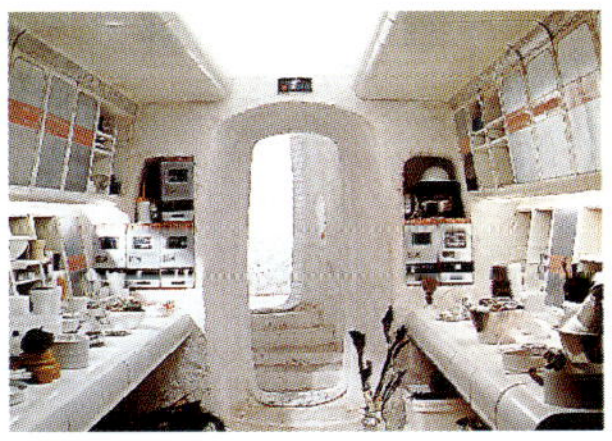

La cuisine des Lars, typique d'une ferme hydroponique, est équipée de récupérateurs de vapeur. Le couloir mène à la salle de séjour, qui s'ouvre sur la cour principale.

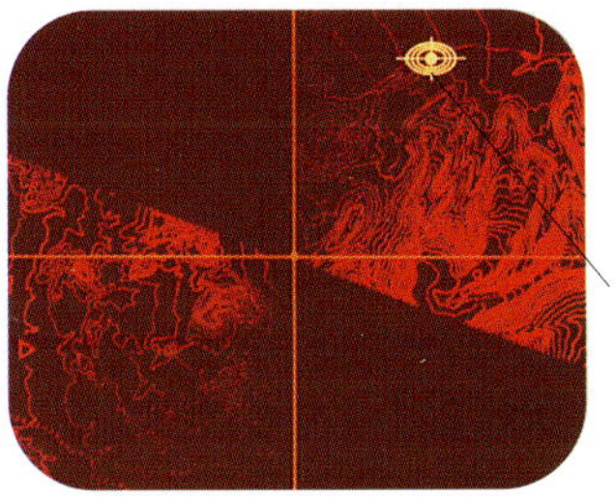

R2-D2 apparaît sur le scanner du landspeeder

SCANNER DU LANDSPEEDER

Traces d'accident

Répulseur entraîné par des générateurs

LANDSPEEDER - CÔTÉ/ARRIÈRE

Sensor de vitesse

Capot avant

Circuits d'accroissement de puissance

Pare-brise en duraplex

Volant

Cockpit

Sièges capitonnés

Coffre

Aération de la turbine de poussée

Support des turbines

Logement du générateur de champ répulseur

Aération du répulseur

Sortie du répulseur principal

Servomoteur mis à nu

Sortie du jet de la turbine

Skywalker : Pilote et Jedi

La première fois que Luke Skywalker est monté dans le cockpit d'un chasseur X-Wing, c'était en tant que « Leader rouge », pour l'attaque de la première Étoile Noire. Depuis, il combat aux côtés de l'Alliance et emmène son X-Wing ainsi que d'autres vaisseaux dans des batailles contre les pirates galactiques et les vaisseaux impériaux. Remportant victoire sur victoire, il est devenu l'un des leaders les plus inventifs de l'Alliance exsangue. Sa capacité à maîtriser la Force a été éveillée par Maître Yoda et, d'année en année, Luke se rapproche du moment où il deviendra enfin chevalier Jedi.

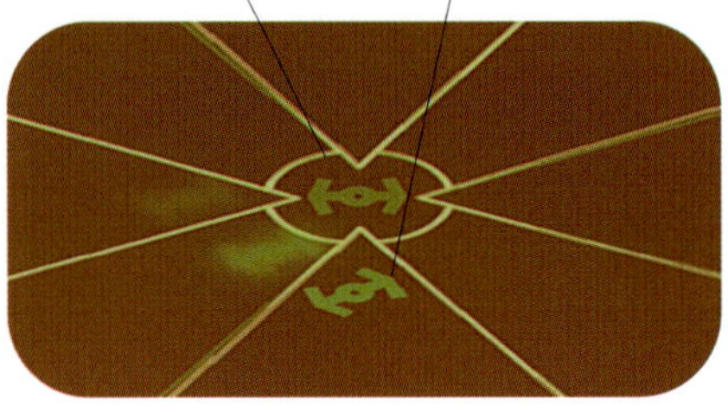

Même s'il n'est pas aussi perfectionné que l'équipement de visée des chasseurs impériaux, l'écran de visée du X-Wing confirme à son pilote que la cible est dans la zone de tir de ses quatre canons laser à longue portée.

X-Wing Type T-65

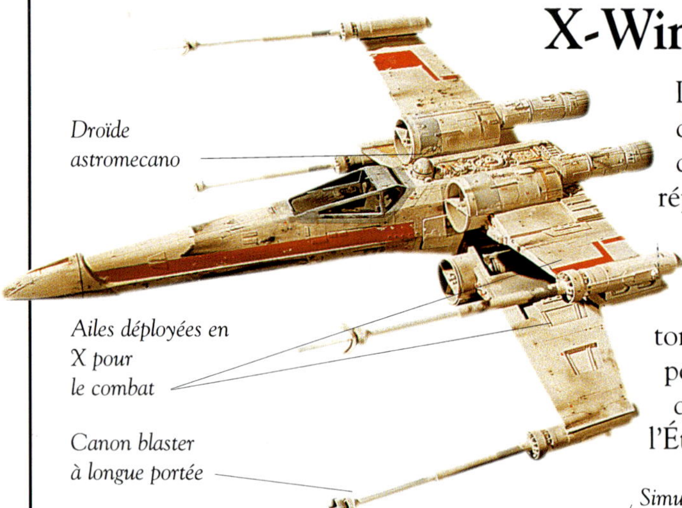

Les X-Wing permettent d'accueillir un droïde astromecano qui gère la maintenance et les réparations en vol. Le X-Wing est pourvu d'une petite charge de torpilles à protons en plus de ses canons laser. Mais ces torpilles sont chères et précieuses pour l'Alliance. Luke n'en emporte qu'une paire au combat contre l'Étoile Noire.

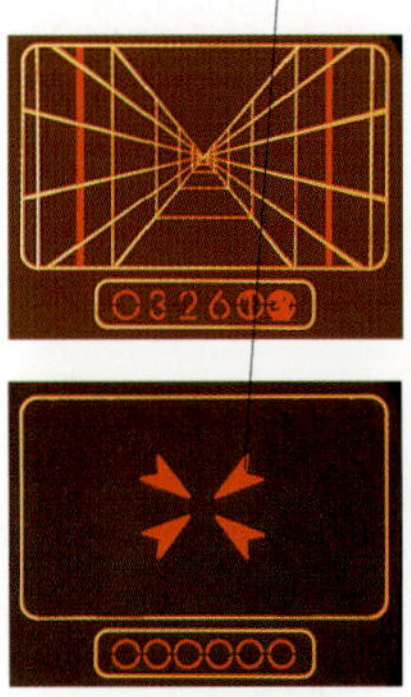

DONNÉES FOURNIES PAR L'ORDINATEUR DE VISÉE DU X-WING

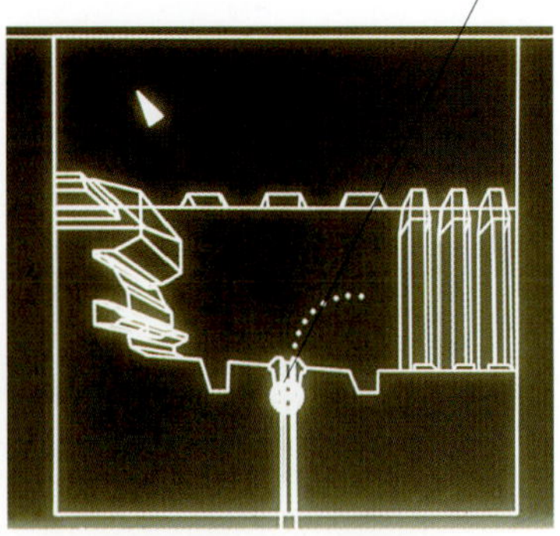

Les plans volés de l'Étoile Noire permettent aux leaders rebelles de simuler les effets de différentes attaques sur la station de l'Empire.

Le conduit d'aération centrale mène au réacteur d'hypermatière, au cœur de l'Étoile Noire. Luke utilise la Force pour ce tir crucial et triomphe en réduisant la gigantesque base impériale à néant.

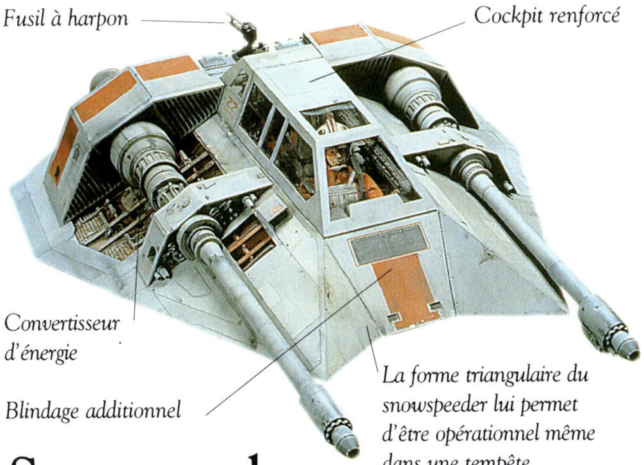

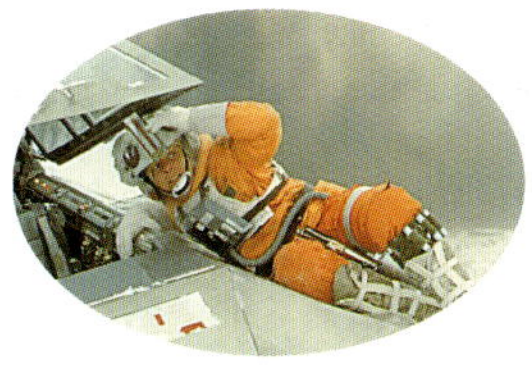

La bravoure de Luke l'entraîne dans des situations délicates. Mais il n'abandonne jamais. Touché en vol au-dessus de Hoth, Luke s'extirpe de son cockpit avant que le snowspeeder ne soit broyé par un TB-TT.

Snowspeeder

Luke a aidé l'Alliance à acquérir son escadron de T-47 blindés, équipés de canons blaster à lourde charge. Laborieusement modifiés pour affronter les rigueurs du climat de Hoth, les snowspeeders sont dépourvus de bouclier défensif, ce qui exige agilité et rapidité au combat. Luke commande le vaisseau, à la tête de l'escadron Rogue contre les TB-TT des forces Blizzard de l'Empire.

Chevalier Jedi

Confronté à la découverte de l'identité de son père, Luke développe sa maîtrise de la Force selon les enseignements de ses mentors Ben Kenobi et Yoda. Même s'il est le seul élève, Luke s'efforce d'accomplir sa destinée et de devenir un Jedi. À son retour sur Dagobah, Yoda lui apprend qu'il a presque terminé sa formation. Déterminé, Luke décide d'aller affronter l'Empereur et Dark Vador. Il tient entre ses mains l'espoir de liberté de la galaxie.

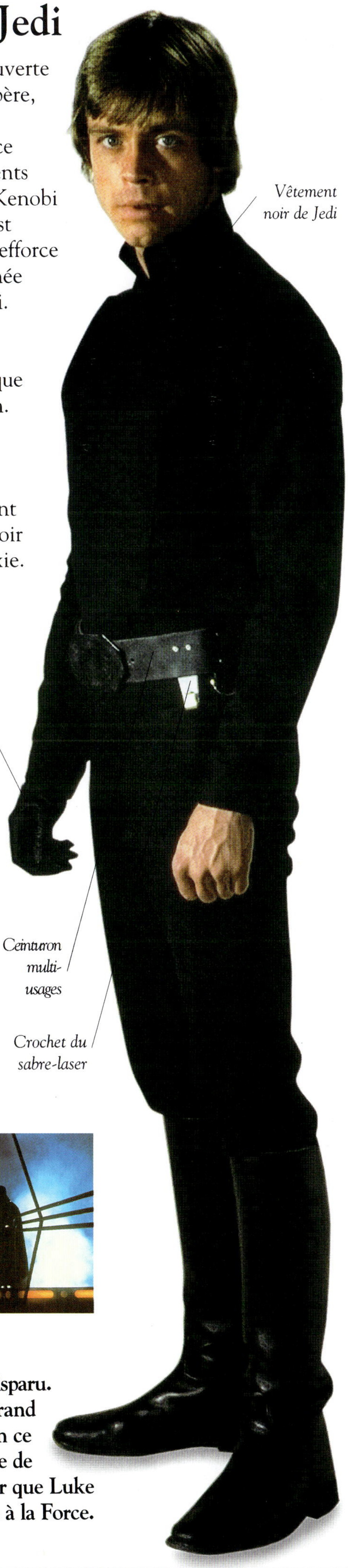

Dans une tourelle laser quadritubes du *Faucon Millenium*, Luke affronte des chasseurs TIE au moment où le *Faucon* s'échappe de l'Étoile Noire. Malgré son inexpérience, Luke s'adapte rapidement et détruit deux chasseurs à la manière de Yan Solo.

Au début, Luke n'approuve pas les méthodes d'entraînement éprouvantes de Yoda.

Malgré la brièveté de son séjour auprès du sage maître Jedi, Luke apprend beaucoup de Yoda. Ce dernier réveille ses aptitudes et sa sensibilité à la Force. L'enseignement du maître Jedi aidera Luke à vivre en harmonie avec la Force pour le restant de ses jours.

DOSSIER PERSONNEL

◆ En partant pour Dagobah à la recherche du maître Jedi Yoda, Luke ne fait que suivre son instinct et une vision de son mentor Ben Kenobi qui lui délivre un message.

◆ De retour sur sa planète, Tatooine, Luke prend la tête de la mission de sauvetage de Yan Solo prisonnier de Jabba le Hutt. Mis en doute par ses amis et ses ennemis à la fois, Luke prouve ses aptitudes incroyables lors de la bataille contre les sbires de Hutt. Il ramène ainsi la justice et la protection Jedi au sein de la galaxie.

L'ombre de Dark Vador

Luke n'a jamais su grand-chose à propos de son père disparu. Ben Kenobi lui a révélé que son père avait été un grand chevalier Jedi, un pilote spatial et un guerrier. Mais, en ce qui concerne sa mort, l'ombre de Dark Vador continue de planer. C'est pendant un combat rapproché avec Vador que Luke apprend la vérité. Cela restera son plus grand défi face à la Force.

Princesse Leia Organa

FEMME D'ACTION DÉTERMINÉE, la princesse Leia Organa d'Alderande utilise sa position au Sénat galactique comme couverture pour fournir une aide diplomatique à l'Alliance Rebelle. Voyageant à travers la galaxie sur son vaisseau consulaire Tantive IV, Leia apporte son secours aux planètes assiégées et sert de liaison secrète avec la Rébellion. Belle et intelligente, elle est consciente de l'importance de son rôle à un moment aussi critique pour la galaxie. Elle cache ses sentiments derrière une discipline de fer et son dévouement à la cause. Fille adoptive du Vice-roi Bail Organa, elle a été préparée à sa condition royale par les esprits les plus fins d'Alderande et entraînée dès son plus jeune âge aux arts martiaux et aux finesses de la politique.

Tantive IV

Le vaisseau consulaire de Leia est une simple corvette corellienne, un vaisseau traditionnel répandu dans la galaxie. Capables de se fondre dans le trafic spatial galactique, les corvettes sont souvent transformées pour les besoins de la contrebande en couverture d'autres activités illégales. Pour cette raison, on les appelle « forceurs de blocus ».

Lors d'une mission secrète pendant laquelle Leia demande l'aide d'Obi-Wan Kenobi, elle est prise au piège à bord de son vaisseau diplomatique. Sachant qu'elle va être capturée, elle se bat jusqu'au bout et fait son possible pour faire parvenir son message à Obi-Wan par l'intermédiaire de R2-D2.

Princesse isolée dans les profondeurs métalliques et sans âme de l'Étoile Noire, Leia a été emprisonnée par Dark Vador. Elle a tenu bon malgré la torture.

L'influence, les relations royales et la diplomatie de la princesse Leia ont permis de faire l'acquisition d'équipements de communication vitaux pour la base Rebelle de la Quatrième Lune de Yavin.

Au centre de commandement de la base Écho, Leia scrute l'écran de contrôle à la recherche de signaux de détections impériaux.

Lorsque la base Écho est envahie par les troupes impériales, Leia reste à son poste pour conduire les actions des pilotes rebelles. Elle dirige ensuite l'évacuation, même lorsque la base commence à s'écrouler.

Malgré son manque de formation en mécanique, Leia fait son possible pour aider à réparer le *Faucon Millenium* lorsque c'est nécessaire.

Au cœur de la fabuleuse beauté de la Cité des Nuages, Leia n'a qu'un instant à partager avec le flamboyant capitaine du *Faucon*, avant qu'ils ne soient pris au piège par Dark Vador.

Princesse des glaces

Même vêtue d'une combinaison isolante, dans les corridors de la base de Hoth, Leia porte du blanc, symbole de son rang de princesse d'une planète perdue. Alors que l'Alliance doit relever de nouveaux défis, elle reste un de ses leaders. Elle détermine les mouvements stratégiques importants avec le général Rieekan et d'autres chefs de l'Alliance.

Esclave de Jabba

En bravant les dangers des couloirs du palais de Jabba pour secourir Yan Solo, Leia savait qu'elle risquait la torture ou la mort. Même si elle ne s'attendait pas à devenir l'esclave de Jabba, elle subit sa captivité fièrement et reste à l'affût d'une occasion pour attaquer Jabba.

Là où des douzaines de tueurs professionnels avaient échoué, Leia réussit à mettre fin à la vie du méprisable caïd Jabba le Hutt.

Leader rebelle

Démasquée comme Rebelle, la princesse Leia ne peut plus prétendre à une carrière de diplomate, mais elle contribue plus que jamais à la puissance de l'Alliance. Non contente d'être leader et négociatrice, Leia prend aussi part à l'action sur le champ de bataille. Elle prouve ainsi qu'elle reste une des meilleures gâchettes de l'Alliance.

DOSSIER PERSONNEL

◆ La princesse Leia est le plus jeune sénateur galactique. Intelligente et forte tête, Leia est habituée à prendre les choses en main et à agir.

◆ Entraînée à la discipline, aux stratégies et aux techniques militaires, Leia est une excellente tacticienne et une experte au tir de blaster. De fait, elle ne manque jamais sa cible.

◆ Princesse d'Alderande, Leia est un symbole pour son peuple. Comme sénateur, elle représente sa planète au Sénat, où elle suscite des sympathies pour la Rébellion. Au sein de l'Alliance Rebelle, elle est un leader aimé et un symbole d'espoir.

Diplomate des forêts

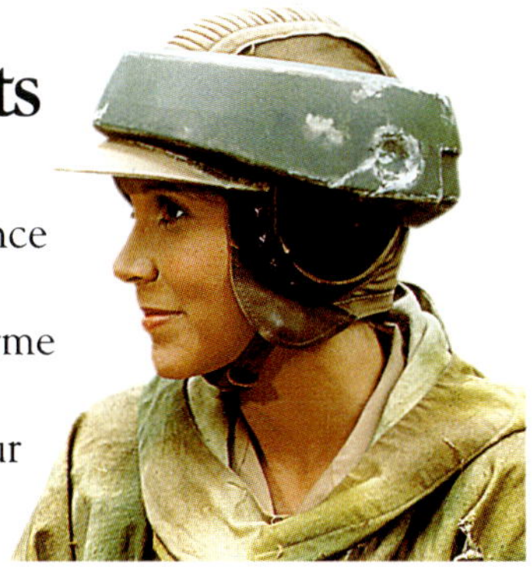

Grâce à son sourire et à sa diplomatie, Leia gagne la confiance des Ewoks qu'elle rencontre sur Endor. En échangeant son uniforme de combat (à droite) contre des vêtements qu'ils ont faits pour elle, elle gagne d'humbles alliés qui feront tomber l'Empire.

Yan Solo

MERCENAIRE VANTARD et capitaine d'un vaisseau de contrebande, Yan Solo est un individu farouche venu des confins de la galaxie. Issu d'un milieu pauvre, Solo a été voleur de petite envergure avant d'intégrer l'Académie, dont il fut plus tard renvoyé. Néanmoins, pilote corellien du meilleur acabit, Solo a pris son destin en mains le jour où il a gagné son vaisseau, le *Faucon Millenium*, pendant une mémorable partie de sabacc. Sa réputation d'excellent tireur n'a d'égale que sa renommée de capitaine du *Faucon*. Téméraire et imprudent, il est aussi courageux et audacieux, toujours prêt pour l'aventure.

Pointé par le canon d'un des sbires de Jabba dans la Cantina de Mos Esley, Yan Solo garde son sang froid et pointe son blaster sous la table. Les habitués auraient pu prévenir Greedo qu'il valait mieux ne pas menacer Yan. Un seul des deux hommes a quitté la table vivant.

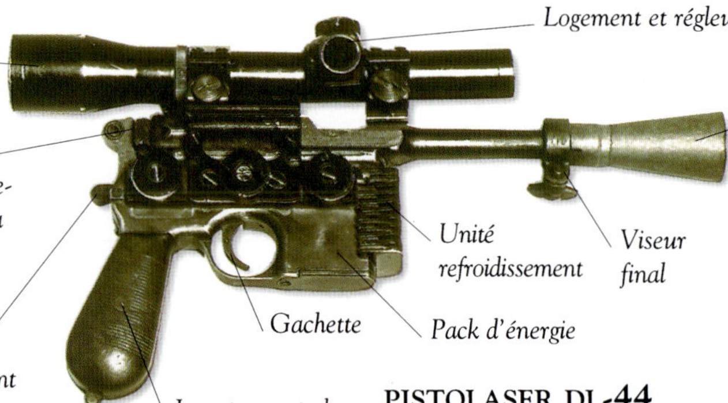

PISTOLASER DL-44 DE YAN SOLO

L'imposant Wookie Chewbacca est le fidèle compagnon et le second du capitaine Solo. Chacun a risqué sa vie pour l'autre dans des situations critiques. Entre la gâchette facile de Yan et la force de Chewbacca, mieux vaut ne pas se jouer de ces deux-là.

Le seigneur du crime Jabba le Hutt est un des employeurs de Yan Solo. Le jour où Yan s'est délesté d'une cargaison pour éviter d'être arrêté, il a déclenché la colère de Jabba, ne pouvant pas le rembourser. Jabba a mis un contrat sur la tête de Solo, qui doit dès lors trouver une solution à cette situation.

DOSSIER PERSONNEL

◆ Solo a été élevé par des gitans de l'espace sans savoir qui étaient ses véritables parents. Sa communauté d'adoption lui a enseigné la ruse et lui a appris à ne compter que sur lui-même.

◆ En venant en aide à Luke à la dernière minute, Solo a sauvé l'Alliance Rebelle et a gagné une des plus hautes distinctions honorifiques.

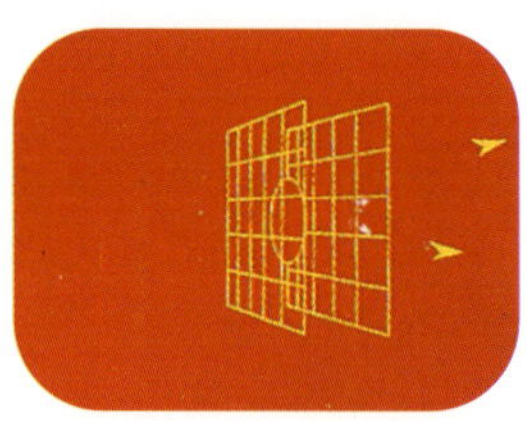

CHAMP DE VISÉE

En fuite dans le *Faucon* nécessitant des réparations, Yan atterrit sur Bespin pour rendre visite à l'ex-propriétaire de son vaisseau, Lando Calrissian. Il ne sait pas comment ce dernier va réagir.

Faucon Millenium

Ce vaisseau de transport léger, de type YT-1300, vieux et cabossé, est passé entre les mains de nombreux capitaines. Les modifications effectuées par Yan en font un des plus rapides de l'hyperespace. Même en vitesse subluminique, sa vélocité et sa maniabilité sont étonnantes pour un vaisseau de sa classe. Le *Faucon* arbore des écrans déflecteurs de l'armée impériale, des tourelles laser quadritubes, un écran de parasitage sensoriel performant et d'"autres accessoires illégaux qui en font un sacré bolide. Il est utilisé comme résidence et comme outil de travail.

Yan prouve à Leia qu'un passé tourmenté ne fait pas de vous un vaurien. Une princesse et un type comme lui ?

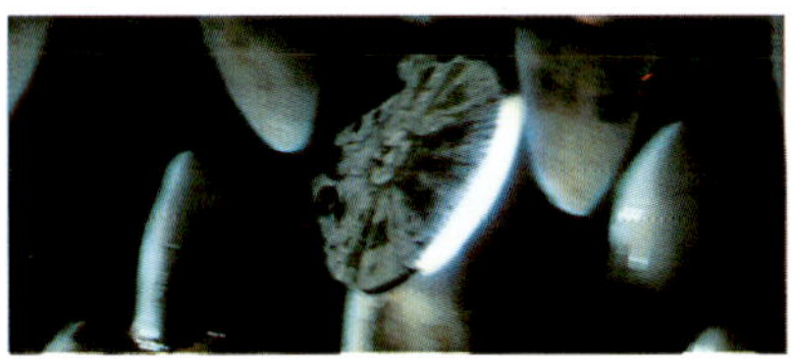

Yan connaissait des légendes sur la limace géante des astéroïdes mais les méprisait comme de vulgaires histoires de fantômes. Son évasion in extremis des entrailles d'un ver stellaire lui a prouvé que rien n'est jamais sûr.

Yan dans la carbonite

Pris au piège dans un complot dirigé par Vador afin de capturer son ami Luke Skywalker, Yan Solo est emmené dans les entrailles de la Cité des Nuages et congelé dans la carbonite afin de tester le procédé destiné à Luke. La congélation au carbone servait à l'origine à transporter les gaz Tibana compressés. Elle est aussi utilisée pour maintenir les êtres vivants paralysés, quand le douloureux procédé ne les tue pas.

Solo leader Rebelle

Après la victoire sur Yavin, Yan accepte un poste de capitaine au sein de l'Alliance Rebelle. Sur la base Écho gelée de Hoth, il se porte volontaire pour patrouiller sur un périmètre difficile, malgré son horreur des Tauntauns et du froid. Yan est un leader né, et un exemple pour beaucoup de soldats autour de lui.

PACK SENSEUR REBELLE

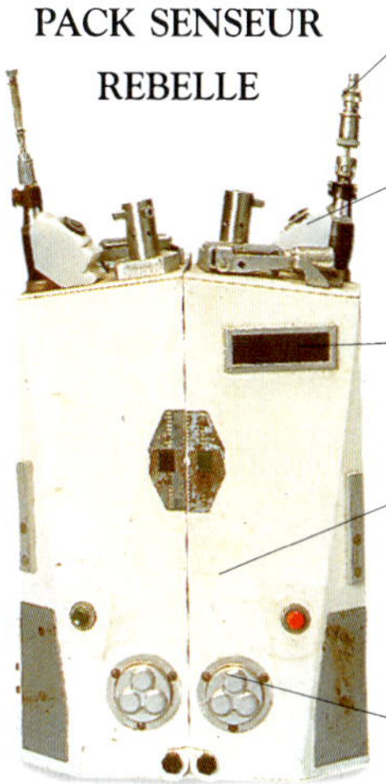

ÉQUIPEMENT SUR HOTH

Le froid ayant paralysé les équipements de patrouille, les Rebelles doivent sonder les plaines de Hoth à l'aide d'accessoires portatifs. Yan Solo est expert en camouflage et repère les autres avant qu'ils ne le voient. Il a aidé à la conception du plan de surveillance autour de la base Écho.

Chewbacca

CHEWBACCA, LE PUISSANT WOOKIE de la planète Kashyyyk, a été sauvé de l'esclavage par le téméraire Yan Solo. Ayant envers lui la traditionnelle « dette de vie » wookie, Chewbacca a décidé de faire équipe avec le fantasque Corellien qui, depuis, est devenu son meilleur ami. Le grand Wookie utilise désormais ses dons en mécanique pour faire voler le bolide trafiqué de Yan Solo. C'est aussi un copilote très loyal et un excellent compagnon d'aventure. Chewie aime se battre et aime l'action dans laquelle Solo les embarque. Il joue aussi le rôle de la conscience de Yan quand ce dernier agit de façon un peu trop « mercenaire ».

Yan Solo et Chewbacca forment un duo d'intrépides pilotes stellaires qui aiment l'aventure. Ils savent se battre car chacun connaît les points forts de l'autre. L'ego de Yan peut les mettre dans des situations inconfortables et l'humeur de Chewie peut déclencher une bagarre, mais ils savent quand le moment est venu de se battre ou quand il vaut mieux prendre la fuite.

Malgré l'étroitesse du cockpit du *Faucon Millenium* par rapport à la taille du vaisseau, Chewbacca y est à son aise. Solo peut lui confier le copilotage du *Faucon* sans inquiétude. Par déférence pour l'extraordinaire habileté de Yan, Chewie ne prend les commandes du *Faucon* que lorsque Yan manœuvre une tourelle blaster pendant une course poursuite dans l'espace.

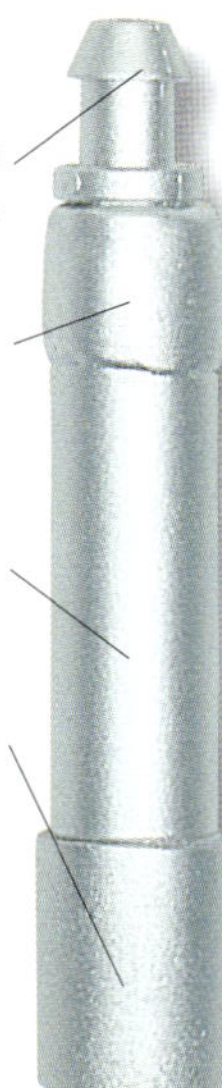

CARREAU

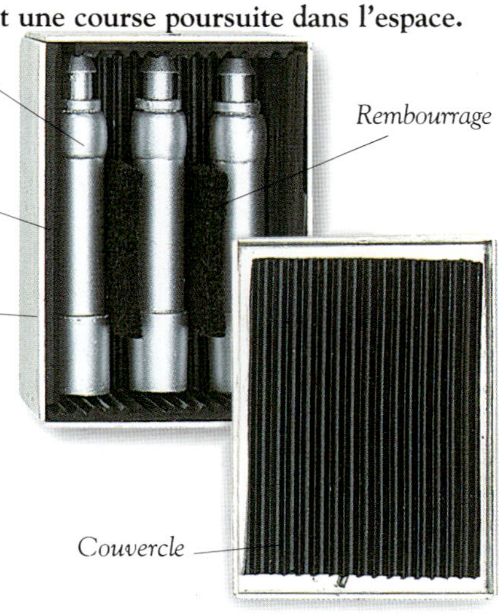

MUNITION D'ARBALÈTE
La traditionnelle arbalète wookie utilise des carreaux explosifs activés par un accélérateur magnétique, qui s'enveloppent d'une coque d'énergie en quittant l'arbalète. La manipulation de cette arme, d'une portée de 50 m, requiert une grande force.

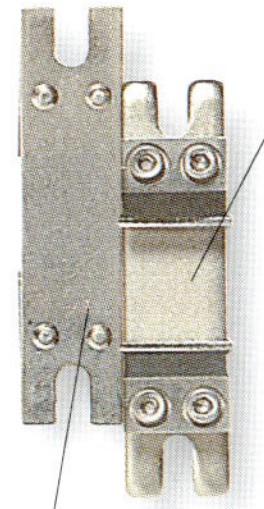

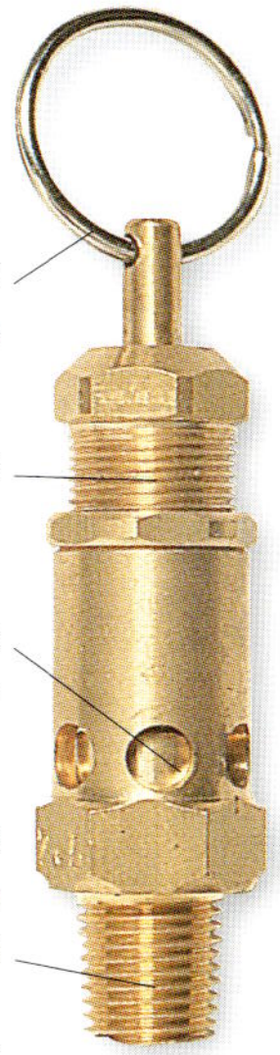

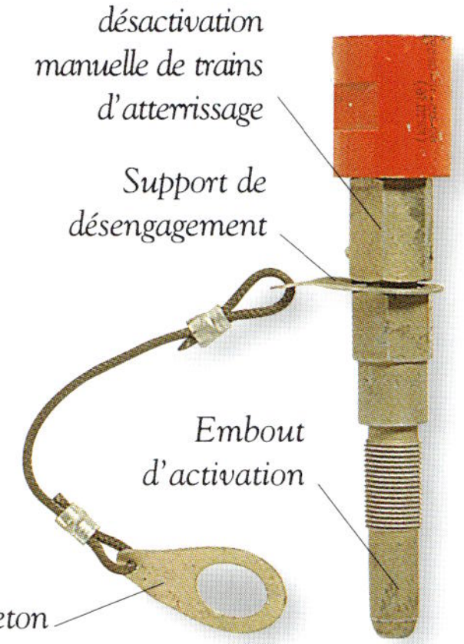

OUTILS DE RÉPARATION DE VAISSEAUX SPATIAUX

En bon mécanicien, Chewbacca emporte toujours quelques outils dans la sacoche attachée à sa bandoulière. Il transporte aussi des pièces qu'il répare pendant son temps libre.

SACOCHE DE CHEWBACCA

Chewbacca désapprouve les modifications apportées par Yan au *Faucon Millenium* sur la base Écho. En effet, le vaisseau n'est pas prêt à décoller au moment de l'invasion par les troupes de l'Empire. L'armement ne fonctionne même pas quand ils s'enfuient. Cependant, quand Yan Solo est ensuite trahi par Lando Calrissian sur la Cité des Nuages, la loyauté de Chewie envers son ami reste aussi forte et il manque tuer Lando dans un accès de rage.

DOSSIER PERSONNEL

◆ Sur sa planète natale de Kashyyyk, Chewbacca a une famille composée de sa femme Mala, son fils Lumpy et de son père Itchy. Les Wookies vivent longtemps et Chewbacca, à plus de 200 ans, est dans la fleur de l'âge.

◆ Chewbacca aime beaucoup les jeux de stratégie mais il déteste perdre, surtout face à un étranger.

Z-6PO

DROÏDE DE PROTOCOLE

DANS UNE GALAXIE où se côtoient quantités de cultures et de langues, les droïdes de protocole assistent leurs maîtres pour des questions d'étiquettes, de coutumes et de traduction, favorisant des relations interculturelles pacifiques. Z-6PO pratique plus de 6 millions de formes de communication et est programmé pour aplanir les difficultés. Aucun de ces traits de personnalité ne le prépare à l'agitation qu'il va traverser. Transporté dans un monde d'aventure, ce personnage pragmatique est souvent dépassé, mais il sert ses maîtres avec ferveur.

Humain — Néon — Infrarouge

SYSTÈME VISUEL MYRIADE-MK.2

Un œil hors de son orbite, Z-6PO semble ne jamais sortir indemne de ses mésaventures. Heureusement, ses composants sont robustes, facilement réparables et ré-assemblables.

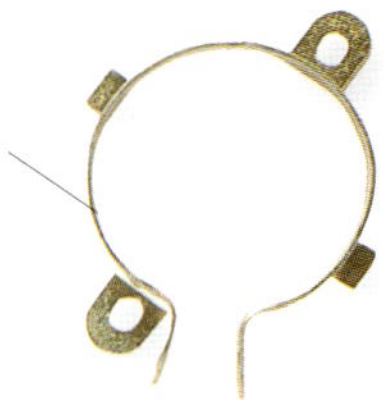

MODULE DE COMMUNICATION TRANSLANG III (AGRANDI)

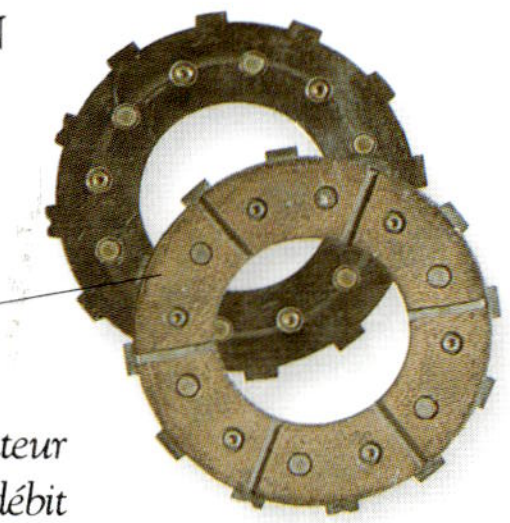

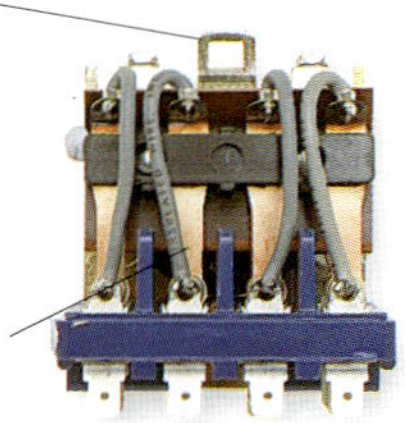

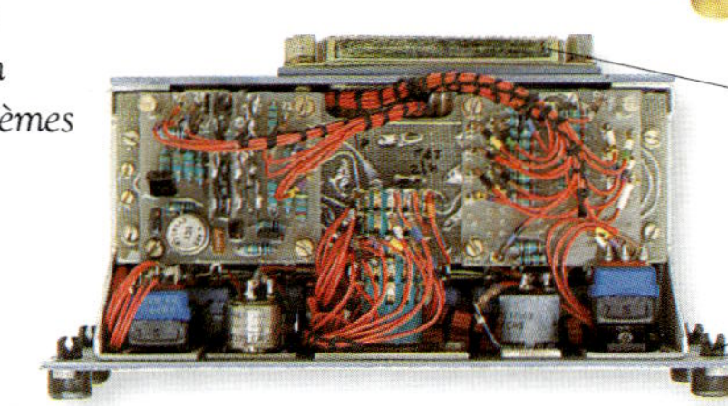

INTERFACE DE CONTRÔLE DES SYSTÈMES LOCOMOTEURS

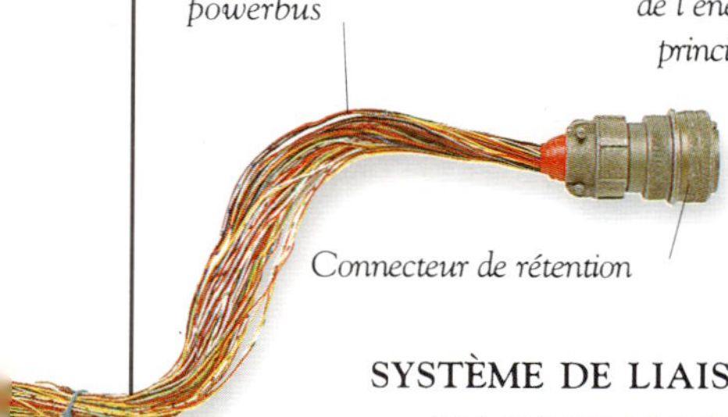

SYSTÈME DE LIAISON DE RECHARGE

MOTEUR DES MEMBRES TERTIAIRES

Les droïdes de protocole travaillent en binôme avec un droïde de maintenance ou utilitaire généralement doté de capacité de communication limitée. Les droïdes de protocole traduisent donc leurs émissions au maître humain. Z-6PO et R2-D2 forment une équipe compétente.

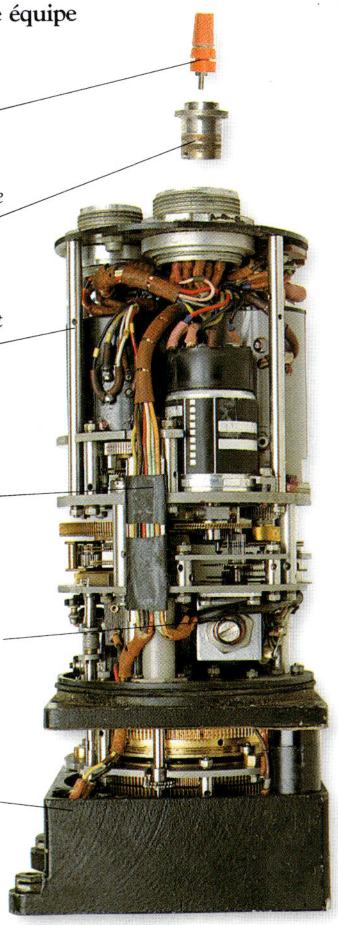

SERVOMOTOR PELVIEN (AGRANDI)
Ce processeur fémoral qui gère l'équilibre de Z-6PO lui donne la capacité d'imiter les mouvements humains, ce qui l'aide dans son travail de protocole et lui permet de se fondre dans une société humaine.

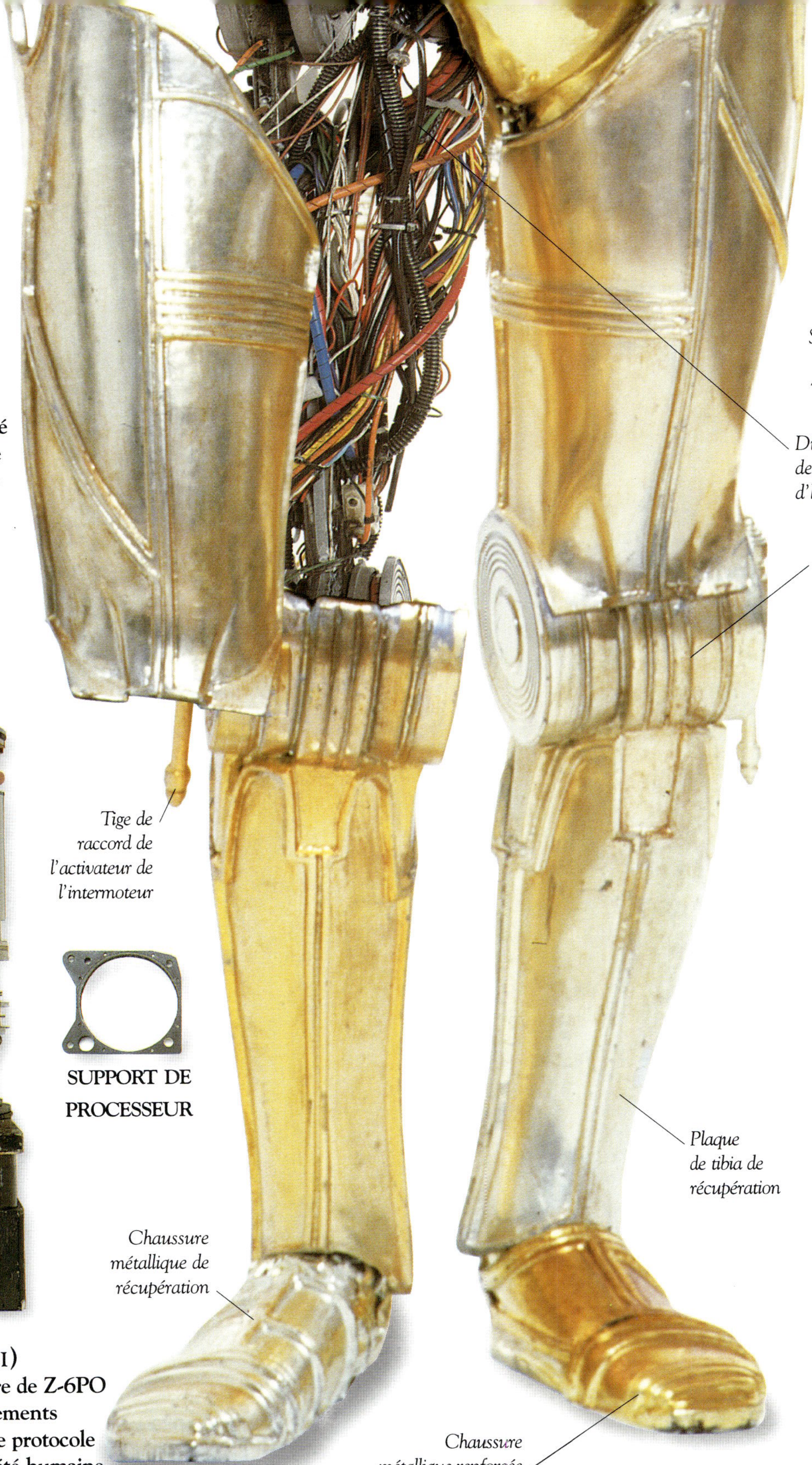

SUPPORT DE PROCESSEUR

COUPLEUR D'ÉNERGIE
Ce distributeur d'énergie fait diverger les courants moteurs de Z-6PO en trois sous-systèmes. Chacune de ses trois goupilles effectue la connexion avec un module spécifique à l'intérieur d'un sous-système. Ce fonctionnement permet d'isoler les problèmes techniques, et préserve la bonne marche des autres composants.

DOSSIER PERSONNEL

◆ En son temps, Z-6PO a servi de nombreux diplomates et nobles personnalités. Luke Skywalker est son quarante-troisième maître.

◆ Une bague métallique tombée du genou gauche de Z-6PO a aidé les troupes de Dark Vador à poursuivre les droïdes sur Tatooine.

◆ Habitué à la haute société et à un environnement raffiné, Z-6PO déteste la poussière qui se loge dans ses jointures pendant ses séjours en extérieur.

◆ Les liens entre les composants de Z-6PO ont été conçus pour se déboîter plutôt que se rompre. Ainsi, ses membres disloqués sont aisément réparables.

R2-D2

DROÏDE ASTROMECANO

DROÏDE SOPHISTIQUÉ conçu pour réparer les ordinateurs et en exploiter les données, R2-D2 est une unité astromecano très utile, dotée de nombreux accessoires. Sa longue vie d'aventure lui a conféré une personnalité propre pleine d'excentricité. D2 montre une grande détermination à réussir les tâches qui lui sont confiées. Pour ce faire, il met en œuvre son entêtement et son inventivité, traits de caractère rares chez un droïde utilitaire. Pour communiquer avec les humains, il a besoin qu'un droïde de protocole comme Z-6PO traduise ses bips électroniques et ses sifflements. Mais cela n'empêche pas D2 d'essayer de se faire comprendre. D'une grande loyauté, il n'hésite pas à risquer des dommages ou la destruction pour aider ses maîtres.

Lorsque R2-D2 disparaît dans les marécages de Dagobah, Luke pense l'avoir perdu pour de bon, jusqu'à ce que le périscope de D2 émerge de l'eau trouble.

La princesse Leia a confié à R2-D2 les plans volés de l'Étoile Noire et un message urgent à délivrer à Obi-Wan Kenobi. D2 s'est acquitté de sa mission. Les enregistrements et projections holographiques font partie des attributs standard de R2-D2.

L'unité D2 est un élément crucial du X-Wing Incom T-65. Les ajustements effectués en vol par le droïde permettent des performances maximales. Pour voler, la plupart des pilotes choisissent le droïde qui est dans le meilleur état. Luke, quant à lui, s'est attaché à R2-D2 et le choisit pour l'accompagner dans l'attaque de l'Étoile Noire.

BRAS À INTERFACE ORDINATEUR
Parmi ses différents bras à interface, celui-ci permet à D2 d'entrer en communication avec des ordinateurs pour des échanges d'informations et l'exécution d'ordres.

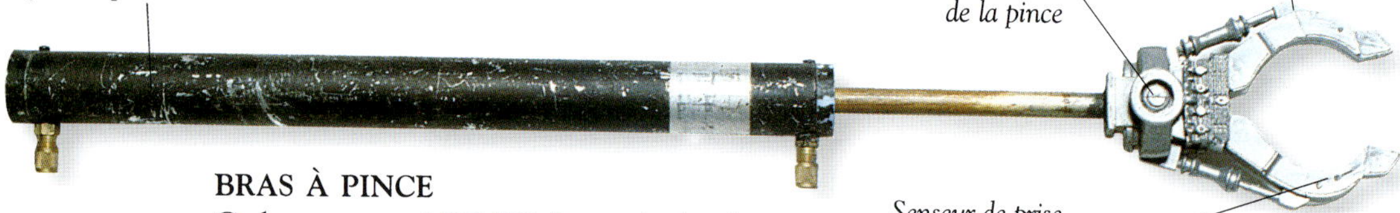

BRAS À PINCE
Ce bras permet à R2-D2 de manipuler des objets et d'effectuer les ajustements sur les câbles de puissance du X-Wing de Luke.

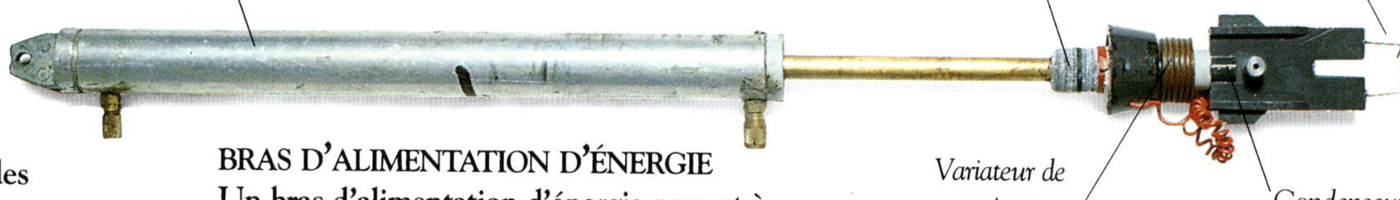

BRAS D'ALIMENTATION D'ÉNERGIE
Un bras d'alimentation d'énergie permet à R2-D2 de recharger une machine ou de transmettre une charge électrique à des circuits endommagés afin d'effectuer des diagnostics.

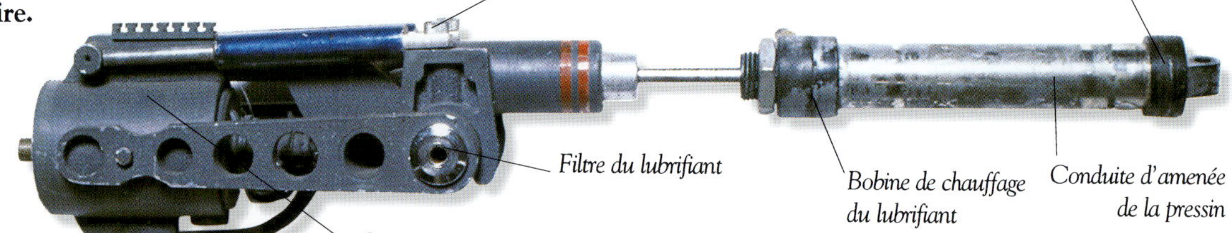

BRAS LUBRIFIANT

DOSSIER PERSONNEL

◆ Durable et de conception robuste, R2-D2 est en fonction depuis plus longtemps que son binôme Z-6PO.

◆ R2-D2 a recours à la tromperie en cas de besoin, ce qui consterne Z-6PO. C'est une des astuces de R2-D2 qui est à l'origine des aventures de Luke.

Bras à extensions

Les bras escamotables de R2-D2 sont dotés d'un arsenal allant de l'arc à soudure à la scie circulaire en passant par des pinces et des têtes magnétiques dépolarisantes. Ces accessoires sont logés dans ses nombreux compartiments et sa conception évolutive lui permet d'être équipé de nouveaux appareils pour des tâches spécifiques.

R2-D2 utilise son extincteur de façon inventive afin de cacher ses amis lors d'une attaque des troupes de l'Empire.

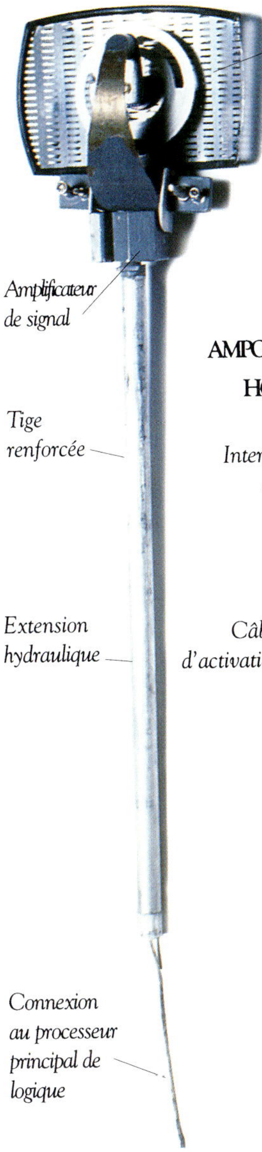

ANTENNE SCANNER

AMPOULE DE PROJECTION HOLOGRAPHIQUE

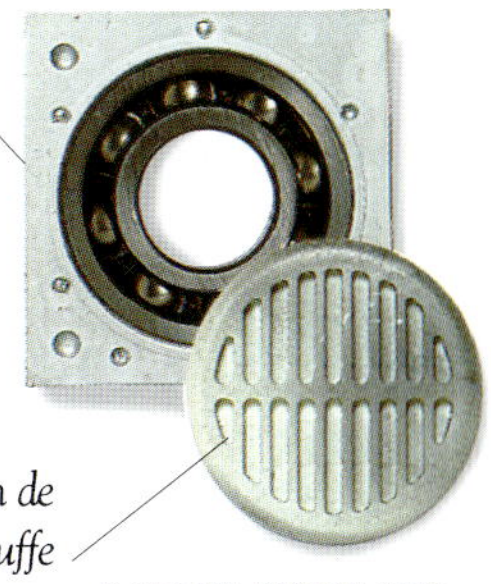

LOGEMENT ET VENTILATION DU GÉNÉRATEUR

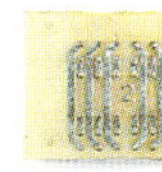

PUCE DE MÉMORISATION

COUPLAGE PRINCIPAL D'ÉNERGIE

Les droïdes astromecano sont des unités standard et le personnel de Jabba a aménagé R2-D2 pour qu'il puisse servir les boissons à bord de la barge.

Lando Calrissian

LE CHARMANT BARON administrateur de la Cité des Nuages a un passé insoupçonné. Rusé et manipulateur, doté d'un solide sens des affaires et de mauvaises habitudes de parieur, Lando a bâti sa fortune précoce après des débuts modestes en devenant l'audacieux capitaine d'un vaisseau de contrebande. Il a piloté le *Faucon Millenium* pendant des années avant de le perdre au profit de Yan Solo dans une partie de sabacc. Le même jeu lui valut plus tard le contrôle de la fabuleuse colonie minière de Bespin. Flamboyant dirigeant de la Cité des Nuages, Lando combine son sens inné du style et son nouveau sens des responsabilités et a fini par apprécier son rôle de baron administrateur.

Cité des Nuages

Suspendue au-dessus du gigantesque noyau gazeux de Bespin, la Cité des Nuages était autrefois le quartier général des grands leaders royaux. De ce passé glorieux, la Cité a gardé une monumentale majesté et une beauté éthérée. La ville est bâtie sur une colonne gigantesque qui s'élève au-dessus d'un réacteur actif. Dans les puits d'aération creux de la cité, on trouve d'énormes pales directionnelles qui gèrent la localisation du complexe dans l'espace.

COMLINK

La Cité des Nuages abrite des citoyens industrieux et une technologie avancée. Les diverses installations de la ville facilitent l'exportation du gaz rare antigravitationnel Tibanna hors de l'atmosphère exotique de Bespin.

Calrissian a été forcé de trahir Yan Solo et ses amis en faveur de Dark Vador afin de préserver la liberté sur Bespin. Quand Lando apprend que Vador ne comptait pas tenir sa parole, il organise avec son adjoint Lobot un complot pour faire évader ses amis.

VIBRO HALLEBARDE

Général Lando

Devenu renégat de l'Empire, Lando s'engage auprès des Rebelles après avoir quitté la Cité des Nuages. Sa clairvoyance au cours de la bataille de Tanaab lui a valu une promotion. L'ancien escroc et baron devient ainsi général de l'Alliance. Une fois de plus, il porte une cape, symbole d'honneur et d'autorité. Bien qu'il ait oublié son passé égocentrique, Lando reste un aventurier qui contribue désormais, grâce à ses aptitudes, à une noble cause.

Lobot

Équipé d'implants cybernétiques, l'Administrateur en chef adjoint de la Cité des Nuages est constamment en contact direct avec l'ordinateur central de la cité. Capable de visualiser un grand nombre de détails à la fois, Lobot est un assistant idéal pour Lando Calrissian. Il met son point d'honneur à bien gérer la Cité des Nuages.

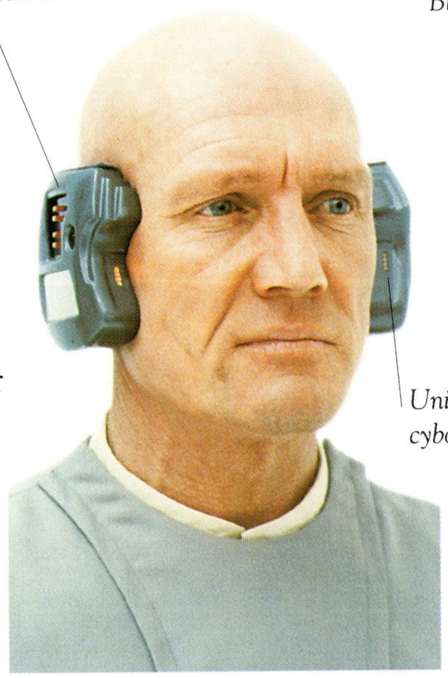

En tournant le dos aux forces impériales de Dark Vador, Lando a tout perdu de ce qu'il avait bâti en tant que baron administrateur de la Cité des Nuages. Lors d'une course poursuite dans les couloirs de la Cité en compagnie de Leia et Chewbacca, Lando aperçoit Boba Fett qui emmène Yan Solo. Il manque perdre la vie dans la cité qu'il a dirigé autrefois.

Déguisé en garde d'esquif de Jabba, Lando affronte le danger pour secourir Yan Solo. Il utilise ses ruses d'ancien escroc à bon escient et personne dans le palais ne le suspecte.

DOSSIER PERSONNEL

◆ Avec son comlink et son code secret, Lando peut s'adresser à toute la Cité des Nuages à partir de n'importe quel terminal de l'ordinateur central.

◆ Lando a utilisé un contact des bas-fonds de Tatooine pour obtenir un poste de garde au palais de Jabba.

Obi-Wan Kenobi

CHEVALIER JEDI

DANS LES TERRITOIRES arides de la Bordure extérieure vit l'ermite Ben Kenobi. C'est un personnage mystérieux aux yeux des habitants de Tatooine. Beaucoup le considèrent comme un sorcier et le rejettent. En fait, c'est un chevalier Jedi, un grand guerrier de l'Ancienne République qui a combattu pendant la Guerre des Clones. Un des disciples de Kenobi s'est tourné vers le côté obscur de la Force, trahissant le Jedi et aidant l'Empereur dans son ascension. Dévasté par le retournement de cet homme devenu Dark Vador, Kenobi s'est retiré sur Tatooine. Il y observe de loin Luke Skywalker et attend le moment de lui révéler son droit du sang en tant que fils de Jedi. Les pouvoirs de Kenobi font de lui une menace pour l'Empire malgré son grand âge.

Conformément à la philosophie Jedi, Kenobi vit simplement. Dans sa hutte, seuls quelques souvenirs rappellent sa vie et ses exploits passés. C'est ici que Kenobi remet à Luke le sabre-laser de son père.

Les boules d'entraînement flottantes sont utilisées par les Jedi et par les tireurs d'élite pour affiner les réflexes et développer la coordination. Elles peuvent être programmées pour être plus ou moins agressives et les rayons qu'elles émettent peuvent être réglés d'inoffensifs à douloureux.

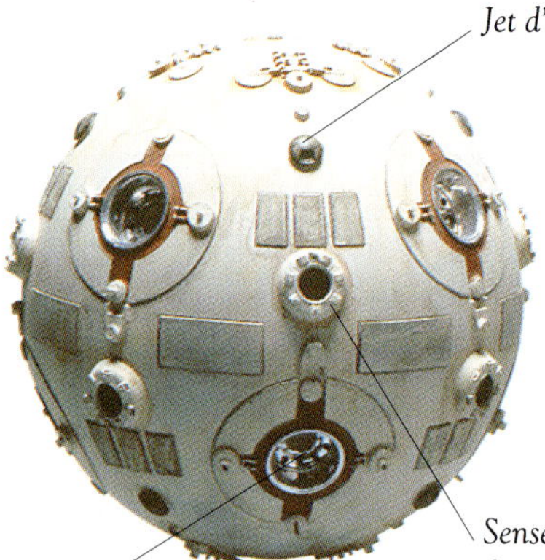

BOULE D'ENTRAÎNEMENT

À bord de l'Étoile Noire, Kenobi utilise ses compétences techniques et son esprit Jedi afin de désactiver un important rayon tracteur sans être remarqué. C'est là sa première action héroïque depuis de nombreuses années.

Après avoir été terrassé par Dark Vador, Kenobi revient sous la forme d'un esprit pour guider Luke dans sa formation Jedi. À l'agonie, sur Hoth, Luke voit Kenobi juste avant d'être secouru par Yan Solo.

C'est Kenobi qui, le premier, a éveillé en Luke ses aptitudes de Jedi et a commencé à l'entraîner. Mais Luke n'a pas eu beaucoup de temps pour apprendre avant l'ultime duel au sabre-laser de Ben. Ayant appris à maîtriser la Force, Luke peut retrouver Ben sous forme d'esprit.

DOSSIER PERSONNEL

◆ Ben Kenobi avait sauvé Luke quand le jeune homme s'était perdu dans le désert de Tatooine avec son amie Windy. Malgré cela, Owen Lars a interdit à Kenobi de s'approcher à nouveau de leur ferme.

◆ Luke Skywalker retourne chez Ben Kenobi pour se construire un sabre-laser après avoir perdu celui de son père dans la bataille sur la Cité des Nuages.

Yoda

MAÎTRE JEDI

MALGRÉ SA PETITE TAILLE, Yoda, le sage maître Jedi, est très puissant grâce à la Force. Âgé de presque 900 ans, il a acquis par la méditation et l'entraînement une profonde perspicacité et de grands pouvoirs. Un des plus grands défis qu'il a dû relever est la formation de Luke Skywalker, qui, à son arrivée sur Dagobah, était un jeune impatient, prétendant au titre de Jedi. Pendant le court séjour de Luke, Yoda doit lui inculquer la foi, la paix et l'harmonie de la Force qui doivent compléter le potentiel de Luke et le prémunir contre le côté obscur de la tentation, de la rage et du mal. À son dernier disciple, Yoda fait part du cœur des anciennes traditions Jedi. Elles représentent le dernier espoir de la galaxie.

À travers la Force, Luke Skywalker peut voir ses guides Yoda et Obi-Wan, ainsi que son père Anakin, enfin réunis en paix grâce aux efforts héroïques de Luke. Unis dans la Force, leurs esprits Jedi sont ravivés et enfin complets.

Dagobah

Isolée, marécageuse et brumeuse, Dagobah abrite un nombre incroyable de formes de vie, y compris des gnarliers, des insectes-bouchers et des limaces des marais. Cet endroit inhospitalier est une bonne cachette en ces temps obscurs du règne de l'Empire.

Yoda passe ses journées à méditer, approfondissant sans cesse la vitalité de la Force. Comme Obi-Wan, il se cache derrière une façade de douce folie. Il utilise cette personnalité feinte pour tester Luke à son arrivée sur Dagobah. Comme Obi-Wan l'avait déjà dit à Luke : « Tes yeux peuvent te tromper. Ne leur fais pas confiance. »

GRAINE DE YARUM
variété de thé

SPORES DE CHAMPIGNONS

GRAINES DE GALLA

ÉCORCE DE SOHLI

Sur Dagobah, Yoda utilise l'harmonie qui le lie à la nature pour vivre en paix grâce aux ressources qui l'entourent. Son bâton de Gimer, par exemple, lui sert comme canne, mais il en extrait aussi le doux jus de Gimer que l'on peut sucer à même l'écorce.

PIERRE DE TERRE CICATRISANTE

DOSSIER PERSONNEL

◆ La maison de Yoda est l'expression de son unité avec la nature. On n'y trouve aucun gadget technologique. Tout le mobilier est fait d'argile et de bois. Enfin, la pierre a été sculptée par Yoda lui-même.

◆ Avant le sinistre règne de l'Empire, Yoda siégeait au Haut Conseil Jedi dans le monde-capitale de la République : Coruscant.

Leaders Rebelles

LE MANQUE DE VAISSEAUX et d'armes de l'Alliance l'oblige à compter sur le répondant de ses leaders. Dotés d'un grand sens du devoir et vertueux, ils viennent de divers horizons : nobles et puissants membres de gouvernements, mécaniciens, pilotes et commerçants, ils ont répondu à l'appel de la justice et de la liberté. Un bon leader rebelle peut venir à bout de la supériorité numérique des troupes impériales grâce à des tactiques inventives, et trouver les mots et les gestes nécessaires pour emmener de nouveaux alliés dans la lutte pour la liberté. L'Alliance reconnaît les mérites, et les individus doués sont vite mis en position d'autorité.

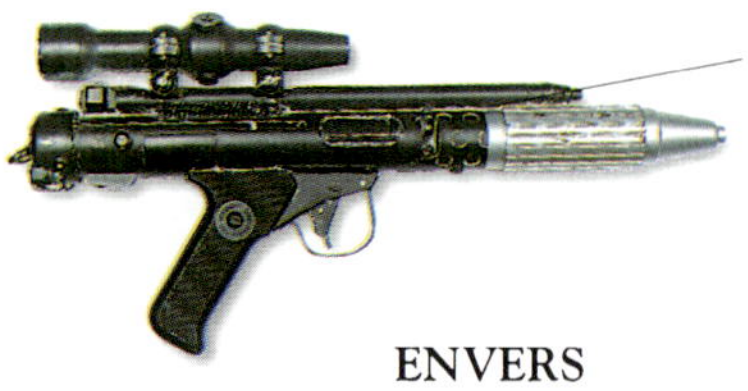

ENVERS DU DH-17

BLASTER REBELLE DH-17
Malgré une moindre puissance et une plus courte portée que celles des blasters de l'armée de l'Empire, le pistolet blaster DH-17 reste une arme de bord et de combat rapproché bien conçue, souvent utilisée par l'armée rebelle.

Carlist Rieekan

Le farouche général Rieekan tient les sept niveaux cachés de la base Écho en état d'alerte constante, craignant toujours que les forces impériales ne les découvrent. Le froid terrible qui règne sur Hoth a compliqué les patrouilles autour de la base, jusqu'à ce que les vaisseaux rebelles soient adaptés à la glace.

La planète glaciale de Hoth abrite la base Écho, retraite des Rebelles après la découverte de leur base sur la Quatrième Lune de Yavin. Hoth ne les protège que peu de temps, jusqu'à ce qu'un droïde sonde détecte leur présence.

Jan Dodonna

Le général Dodonna est un maître tacticien intrépide. Il a commandé l'assaut rebelle contre l'Étoile Noire lors de la bataille de Yavin. Sur les plans volés fournissant les détails techniques de l'Étoile Noire, la station semblait invulnérable. Le général a identifié le meilleur moyen de passer outre le système de défense de la base et d'en bombarder une minuscule bouche thermique. Cette stratégie a permis à une flottille de 30 chasseurs monoplaces de détruire une station de guerre mesurant plus de 160 kilomètres de diamètre.

Les Rebelles ont remporté leur première victoire sur l'Empire à partir de hangars cachés dans les profondeurs des anciens temples, dans la jungle de la Quatrième Lune de Yavin.

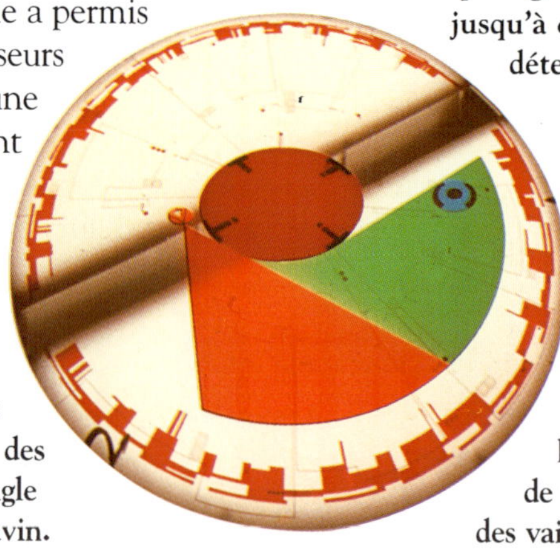

L'écran tactique de la base Massassi, sur Yavin, suit l'Étoile Noire en orbite autour de Yavin afin de détruire la forteresse rebelle. Cet écran, ayant des capacités de zoom limitées, ne permet pas de visualiser les mouvements des vaisseaux pendant la bataille.

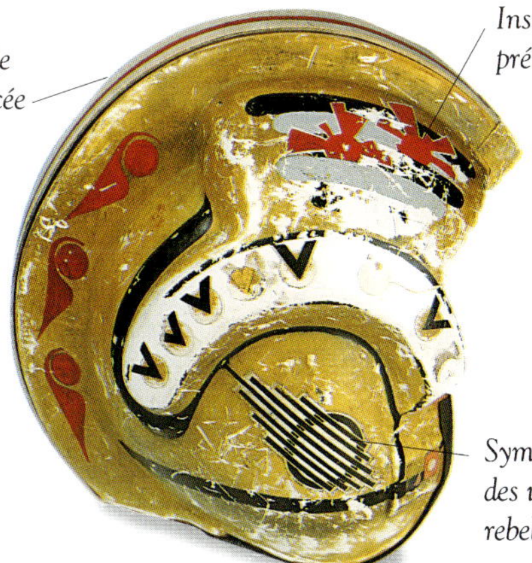

CASQUE REBELLE
Pour l'Alliance, les chefs d'escadrons sont aussi importants que les grands stratèges. Le casque cabossé du chef d'escadron X-Wing Garven Dreis atteste d'états de service considérables.

Amiral Ackbar

Commandant de la flotte rebelle, le prudent amiral Ackbar est originaire du monde aquatique de Mon Calamari. Autrefois esclave de Grand Moff Tarkin, Ackbar a été sauvé par les Rebelles et a convaincu son peuple de rejoindre l'Alliance. Les gigantesques croiseurs offerts par son peuple sont les plus grands vaisseaux de la flotte rebelle.

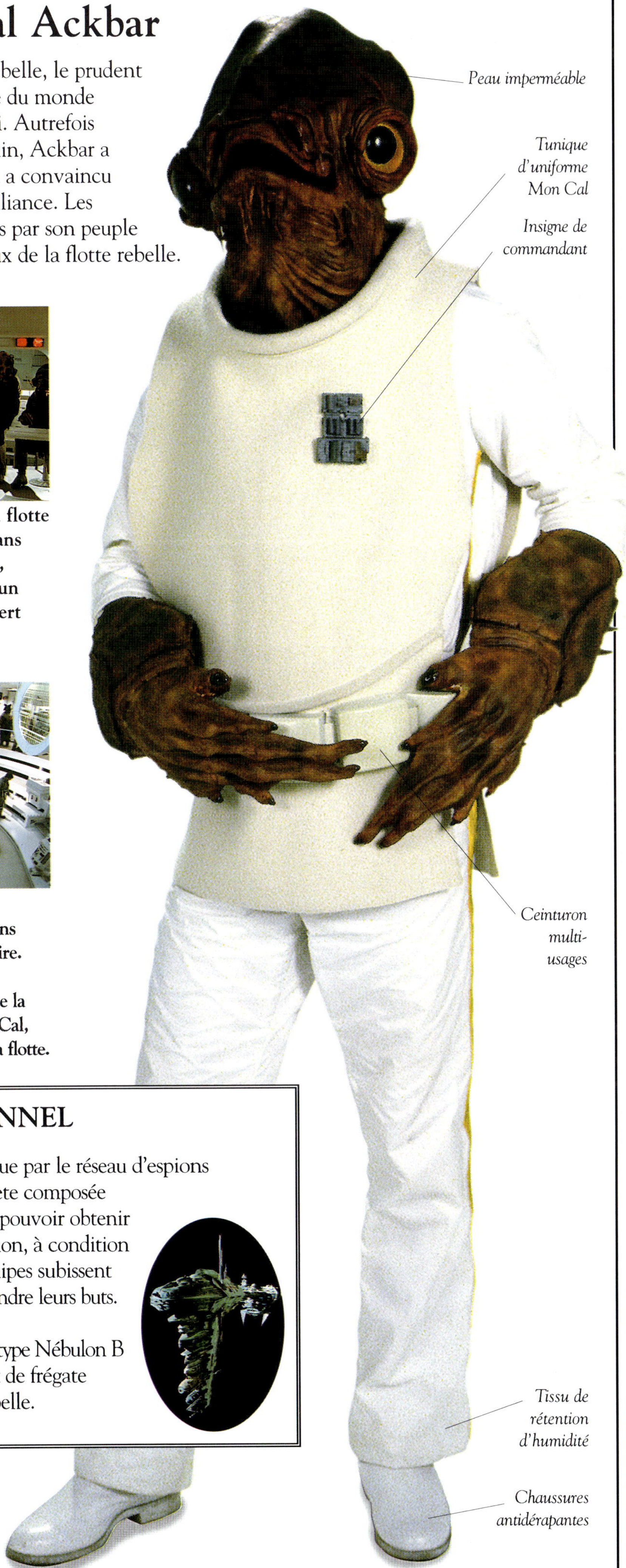

L'amiral Ackbar commande la flotte rebelle à partir de son siège dans son vaisseau amiral personnel, la *Frégate Quartier Général*, un croiseur stellaire Mon Cal offert à l'Alliance par son peuple.

Leurs bases secrètes ayant été détruites, les Rebelles ont fui dans l'espace afin d'échapper à l'Empire. L'Alliance garde un centre de commandement mobile à bord de la *Frégate Quartier Général* Mon Cal, d'où sont dirigées les actions de la flotte.

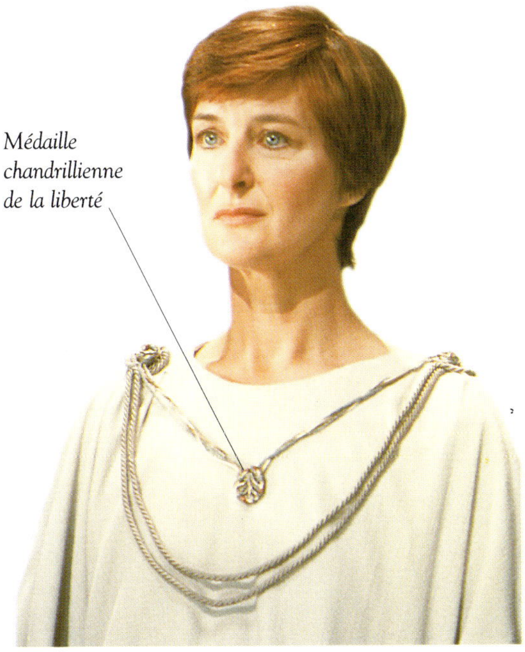

Mon Mothma

Mon Mothma est le commandant suprême de la Rébellion. Autrefois membre du Sénat galactique, elle y a défendu la cause de la liberté jusqu'à ce que l'Empereur s'y impose. Abandonnant le Sénat, elle a organisé l'Alliance Rebelle et continue de la renforcer par le biais de la diplomatie et des négociations.

Un écran tactique du centre de commandement de l'Alliance montre le bouclier défensif projeté autour de la deuxième Étoile Noire à partir de la Lune Forestière d'Endor. Cet écran révèle les différentes zones géographiques de l'Étoile Noire.

DOSSIER PERSONNEL

◆ La Rébellion est soutenue par le réseau d'espions Bothan, organisation secrète composée d'audacieux qui déclarent pouvoir obtenir n'importe quelle information, à condition d'y mettre le prix. Ces équipes subissent de lourdes pertes pour atteindre leurs buts.

◆ Ce vaisseau d'escorte de type Nébulon B de 300 mètres de long sert de frégate médicale pour la flotte rebelle.

Les tauntauns

TÊTE DE TAUNTAUN

LES LÉZARDS DES NEIGES appelés tauntauns sont une des rares espèces qui s'accommodent des conditions climatiques de Hoth, la planète glacée. Des troupeaux traversant la toundra moussue aux tauntauns solitaires des montagnes, en passant par les petits groupes de mangeurs de lichens qui s'abritent au fond des cavernes de glaces, différentes espèces de tauntauns vivent sur les territoires variés de Hoth. Pour survivre au froid intense de la nuit, les tauntauns ralentissent leur métabolisme jusqu'à presque l'immobiliser. Ils risquent la mort si on les oblige à entrer en activité une fois le froid de la nuit tombé.

SQUELETTE DE TAUNTAUN

Patrouilles de tauntaun

Pour les troupes rebelles de la base Écho de Hoth, les tauntauns sont plus sûrs que les véhicules de patrouille, souvent en panne à cause du froid et du vent. Les tauntauns des neiges ont été domestiqués dès le début de la construction de la base Écho. Ce sont des montures obéissantes et robustes, mais ils sécrètent des huiles et sont malodorants. Les patrouilleurs qui les montent ont appris à oublier ce détail et les chevauchent pour surveiller l'arrivée éventuelle de troupes impériales.

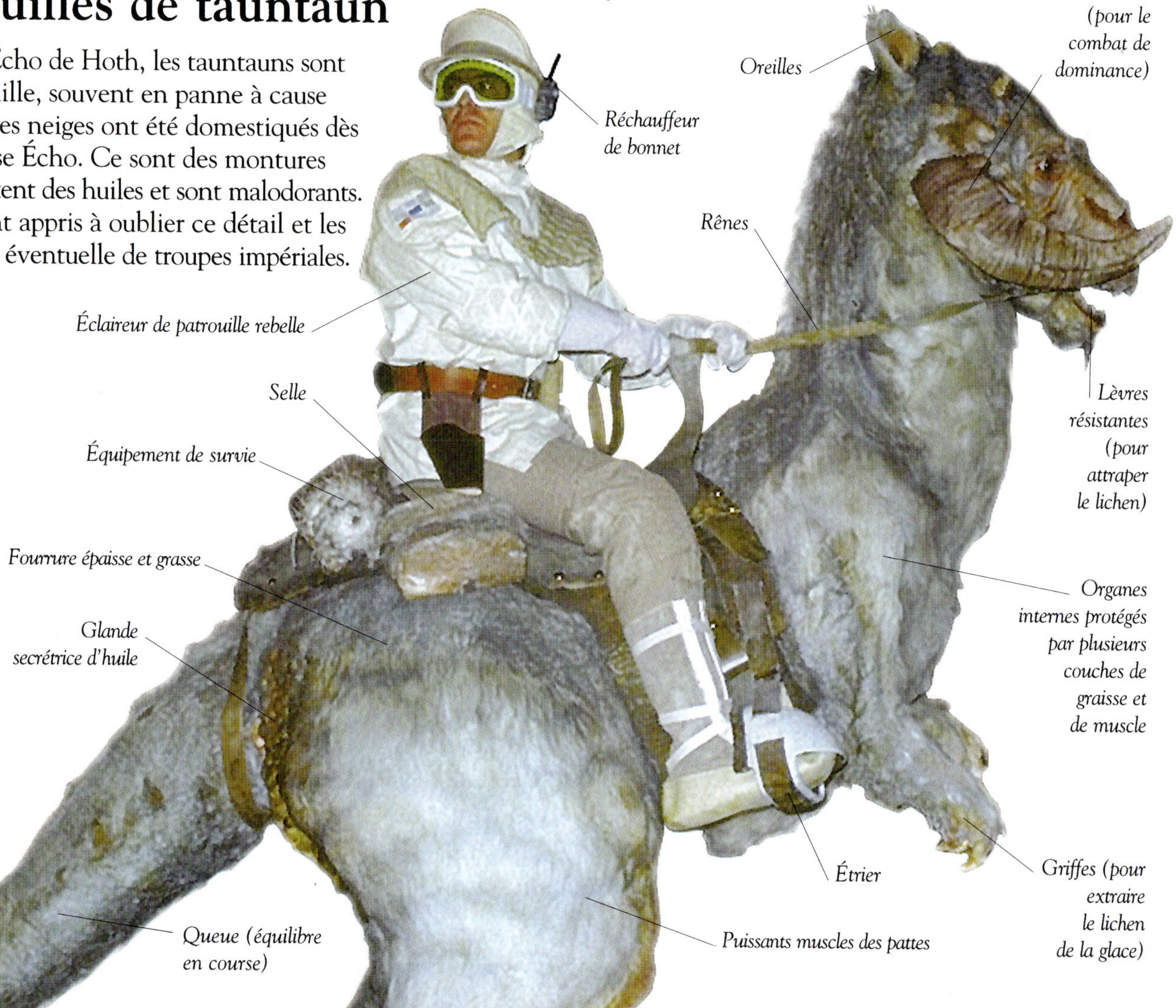

Hoth

Hoth est inhabitable en dehors de la ceinture subarctique qui entoure son équateur. La base Écho des Rebelles est située sur la bordure nord de cette bande. La plupart de tauntauns vivent dans la toundra équatoriale et se nourrissent de lichens et de vers des glaces.

DOSSIER PERSONNEL

◆ Les fréquences ultrasons de certains droïdes, comme cette unité tactique 6PO, irritent les tauntauns qui les frappent avec leur queue. Les droïdes de la base Écho ont appris à y faire attention.

◆ Des montures tauntauns de patrouilles rebelles ont été découvertes vivant dans les cavernes gelées de la future base Écho.

À plusieurs occasions, des tauntauns ont été tués dans leurs étables de la base Écho par des Wampas, créatures des glaces qui rôdent la nuit. Les droïdes médicaux ont analysé les blessures et en ont déterminé l'origine.

Droïdes médicaux

LA PRÉSENCE D'UN DROÏDE médical rassure les soldats rebelles blessés. Les droïdes médicaux sont dotés d'une banque de mémoire encyclopédique et d'algorithmes d'analyses statistiques qui leur permettent d'appliquer le meilleur traitement en toute situation. Fiables et intelligents, ils peuvent guérir des patients dans un état critique.

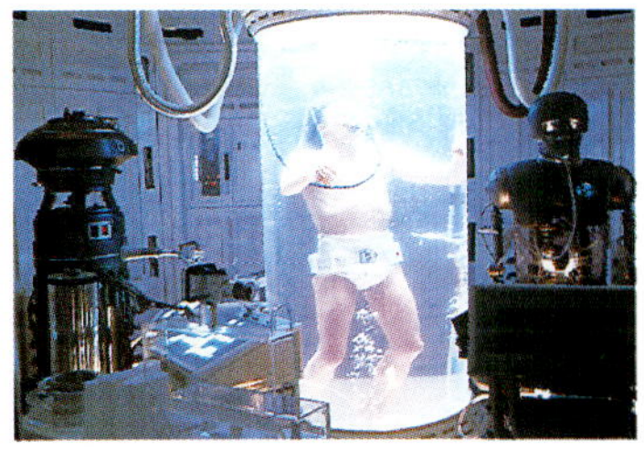

Le bacta médical synthétique peut cicatriser des blessures profondes. Les patients sont immergés dans des citernes de mélange de bacta constamment filtré et revitalisé.

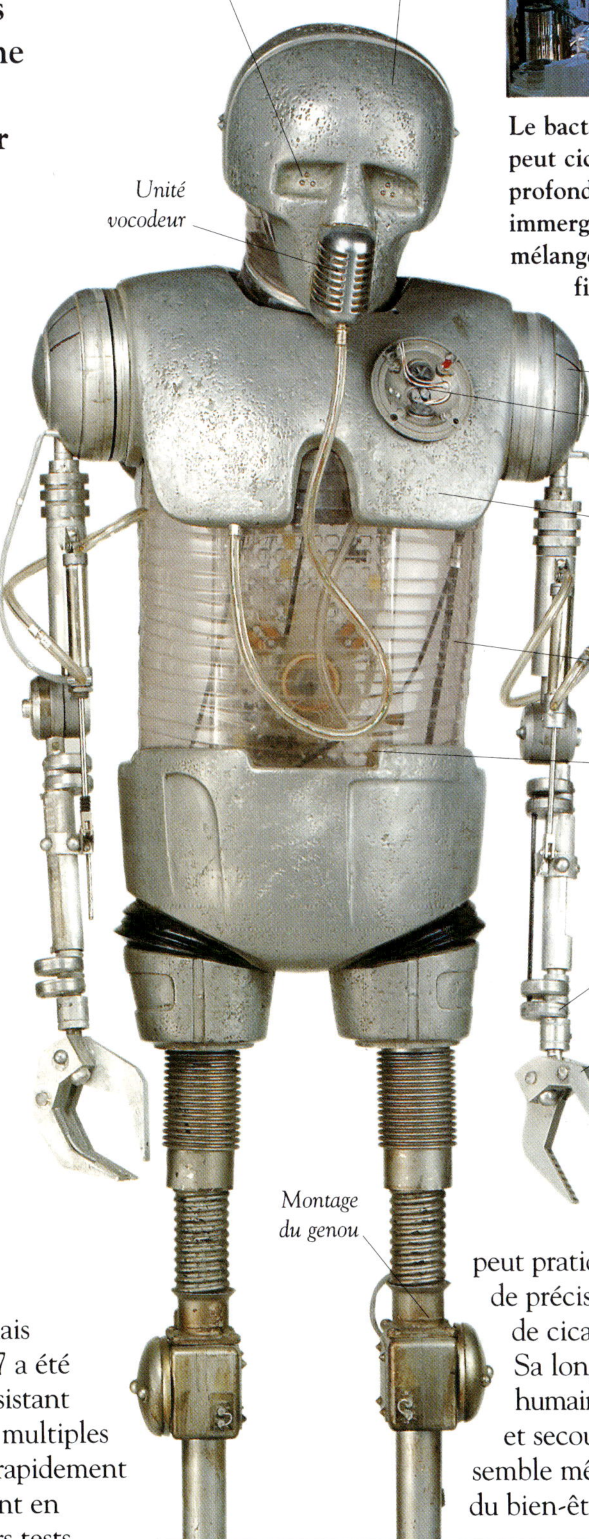

2-1B

Excellent chirurgien et médecin militaire, 2-1B peut pratiquer des opérations de précision sans laisser de cicatrice ou presque. Sa longue expérience des humains l'a rendu prévenant et secourable. En fait, il semble même être soucieux du bien-être de ses patients.

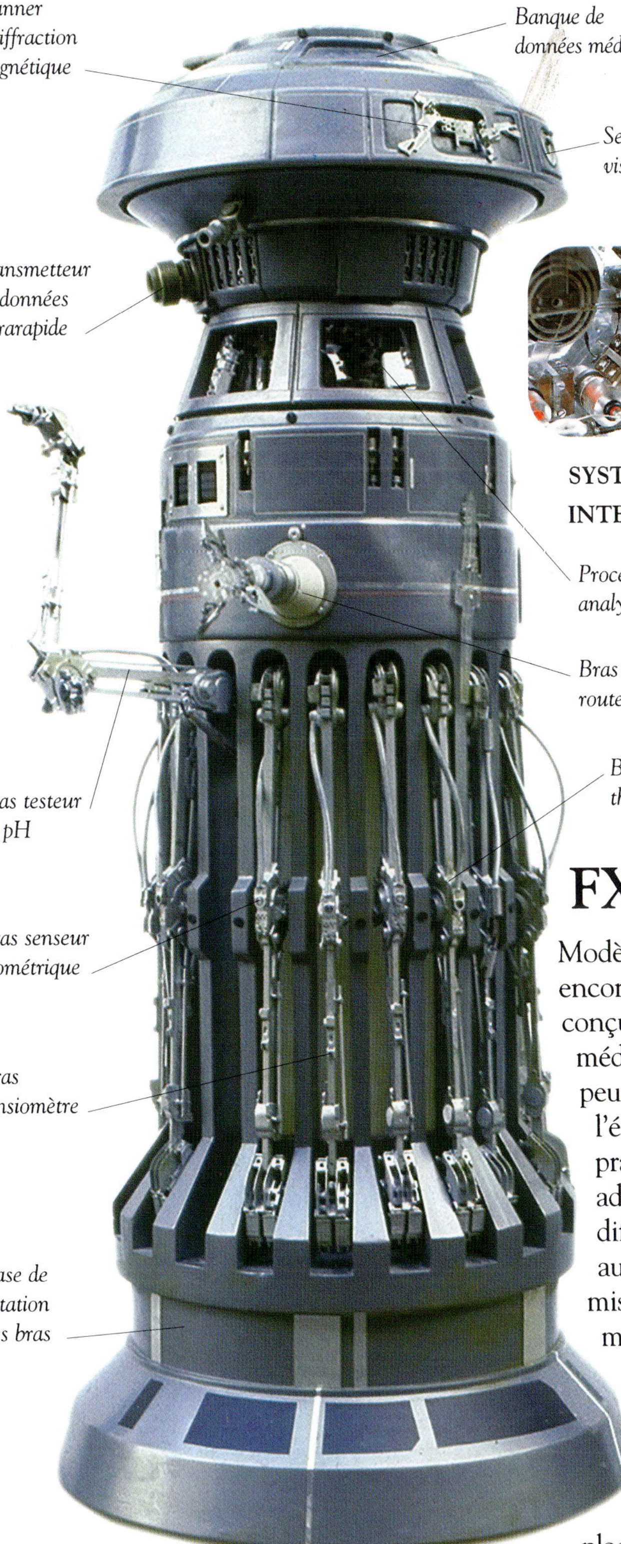

SYSTÈMES INTERNES

FX-7

Modèle obsolète mais encore utilisé, FX-7 a été conçu pour être assistant médical. Ses bras multiples peuvent évaluer rapidement l'état d'un patient en pratiquant divers tests adaptés aux besoins des différentes espèces. C'est aussi un spécialiste de la mise en route des appareils médicaux. Les données précises fournies par FX-7 apportent au droïde chirurgien les informations nécessaires à la mise en place du traitement approprié.

DOSSIER PERSONNEL

◆ Un système hydraulique utilisant des liquides à différentes températures, confère à 2-1B une certaine chaleur au toucher.

◆ 2-1B a soigné les blessures de Luke sur Hoth, qui a demandé que le droïde s'occupe encore de lui après la perte de sa main sur la Cité des Nuages.

Dark Vador

PERSONNAGE SINISTRE et menaçant, Dark Vador hante les couloirs de la Flotte impériale. Autrefois considéré comme un débris humain dérangé, Vador a augmenté son pouvoir et son influence en gagnant les faveurs de l'Empereur. C'est désormais un chef militaire craint. Le Grand Moff Tarkin a été l'un des rares à reconnaître les talents de Vador en dépit de son apparence bizarre et de sa conduite excentrique. Ainsi devenu le bras droit de Tarkin, Vador est respecté par les officiers de l'armée de l'Empire. Incapable de survivre sans l'assistance constante que lui fournit son armure, Vador est néanmoins un puissant personnage, que la connaissance du côté obscur de la Force rend froid et dangereux.

Vador a gravi les échelons impériaux malgré la rancœur et le mépris de ses supérieurs. Au fil du temps, il a gagné le respect et la crainte de ses soldats et des officiers grâce à sa témérité et à sa présence sur le front en tant que commandant.

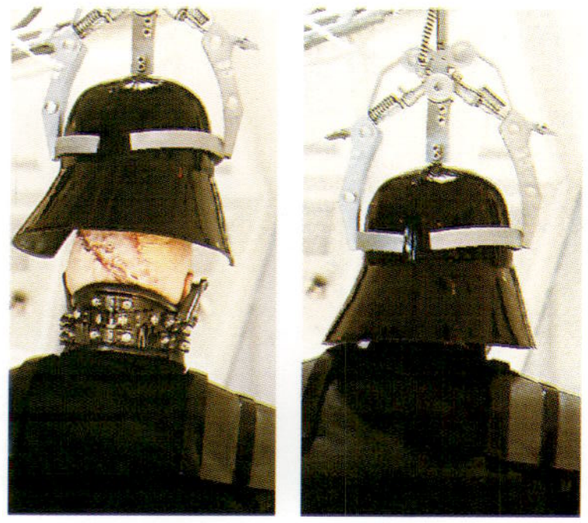

Vador ne permet à personne de l'aider à revêtir son costume. Dans une chambre d'isolation spéciale, des bras mécaniques l'assistent pour ôter son armure et remplacer certains de ses composants.

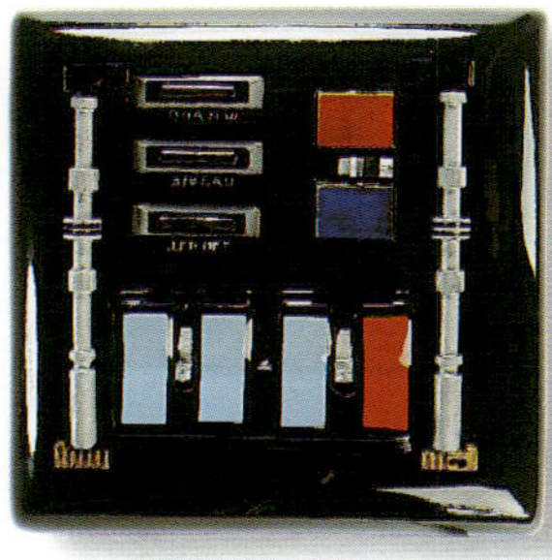

PLASTRON
Le système de survie de Vador est contrôlé par ce panneau central du plastron de son armure. Par les rainures sont insérées des cartes de diagnostic qui pratiquent une vérification périodique, tandis que les commutateurs permettent d'effectuer des modifications fonctionnelles.

CEINTURE DE DARK VADOR

Vador a comploté avec l'Empereur afin de faire basculer Luke du côté obscur. Au cours d'un combat intense au sabre-laser, il a proposé à Luke de s'associer pour prendre la place de l'Empereur. La noirceur de son âme ne nous permettra pas de savoir vers qui la loyauté de Vador tendait alors.

INTÉRIEUR DU CASQUE DE VADOR
Le casque de Vador est la partie la plus importante de son armure de survie. En connexion avec un pack dorsal plat, il fait circuler l'air dans les poumons détruits de Vador et redonne forme à son crâne très endommagé.

Bottes renforcées fixant les éléments cyborg à la chair

Anakin Skywalker

Toute l'horreur et la tragédie de Dark Vador sont exprimées par ses mots à Luke : « Je suis ton père ». Vador espère entraîner Luke sur le même chemin sombre de haine et de colère qui a détruit Anakin Skywalker. Au lieu de cela, il s'aperçoit que Luke veut la rédemption pour son père, malgré tout ce qu'il incarne à présent.

DOSSIER PERSONNEL

◆ Avec le temps, Vador a appris à maîtriser le côté obscur de la Force et l'a utilisé pour soutenir son propre corps endommagé mais aussi comme outil de persuasion sur ses opposants. Sous la tutelle de l'Empereur, Vador a appris à tuer par simple suggestion.

◆ Les blessures de Vador ont pour origine une bataille contre son ancien professeur, Obi-Wan Kenobi. Une grande partie de son corps est aujourd'hui remplacée par des composants de machine.

◆ Vador encourt la colère des officiers supérieurs en pilotant son propre chasseur au combat.

Officiers de l'Empire

La volonté de l'Empire est renforcée par la puissance de la Flotte stellaire impériale et ses troupes d'assaut. Le haut commandement militaire impérial transmet les ordres de l'Empereur et détient les postes de pouvoir au sein du Nouvel Ordre. Un échec peut valoir la mort, mais l'ambition motive la compétition. Alors que les caprices de la bureaucratie et de la politique peuvent mettre des incapables à des postes de responsabilité, les commandeurs de l'Empire sont des militaires incroyablement talentueux au sein d'un système basé sur l'efficacité sans pitié.

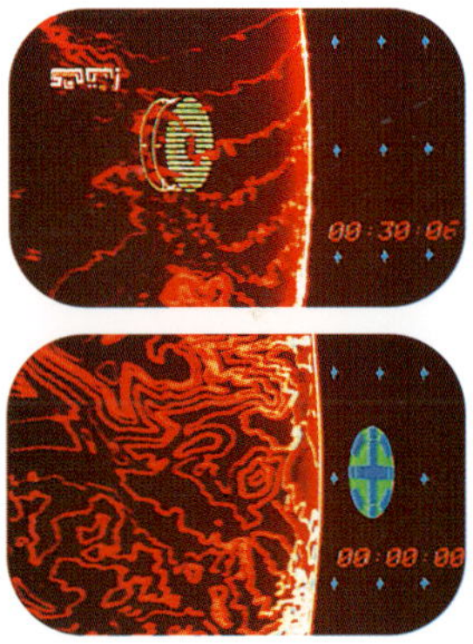

ÉCRAN DE SUIVI
Cet écran de suivi de l'Étoile Noire montre la Quatrième Lune de Yavin émergeant derrière la planète elle-même, juste dans l'axe de tir.

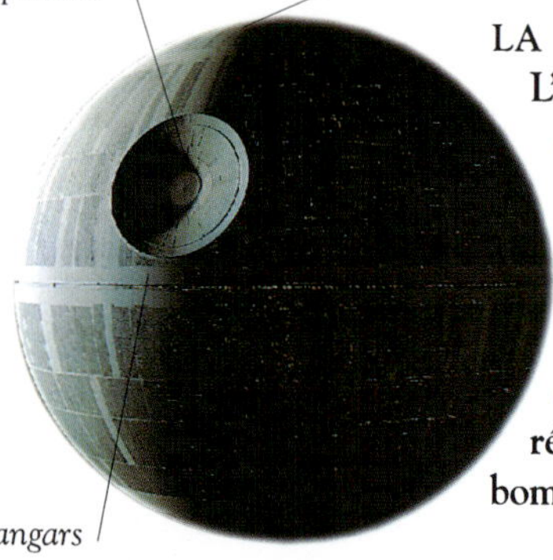

LA PREMIÈRE ÉTOILE NOIRE
L'Étoile Noire contient un réacteur d'hypermatière qui peut générer assez de puissance pour détruire une planète entière. Invulnérable face à un assaut à grande échelle, la station spatiale a un point faible fatal : un petit conduit thermique connecté au réacteur principal, qui peut être bombardé par un petit chasseur.

À bord de la première Étoile Noire, cette salle de conférence projette des données tactiques holographiques soumises à l'évaluation de Tarkin et de ses stratèges impériaux.

Grand Moff Tarkin

Le gouverneur des Bordures extérieures de l'Empire, Grand Moff Wilhuff Tarkin, conçoit l'effroyable armement de l'Étoile Noire dans le cadre de sa doctrine du « règne par la peur ». Les Bordures de l'Empire sont trop éloignées pour être policées efficacement, mais la crainte de l'Étoile Noire soumettra les systèmes de toute la galaxie.

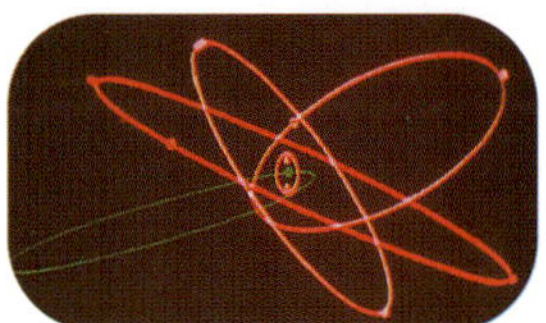

ÉCRAN DE VISÉE SUPERLASER

ARTILLEURS DE L'ÉTOILE NOIRE
Obéissant aux ordres de leurs supérieurs, les capitaines d'artillerie s'assurent que les énergies gigantesques des systèmes laser de l'Étoile Noire ne sont pas en surcharge ou en déséquilibre phasique, ce qui causerait une énorme implosion.

CASQUE D'ARTILLEUR DE L'EMPIRE

Général Veers

Le général Maximilien Veers a imaginé l'assaut dévastateur des troupes impériales sur la base Écho, dirigeant l'action en personne de l'intérieur du TB-TT de tête. Rusé et intelligent, Veers est un officier impérial modèle.

CAPITAINE PIETT

AMIRAL OZZEL

CAPITAINE NEEDA

MOFF JERJERROD

L'Empereur Palpatine

PENDANT LES DERNIERS JOURS de la République, le sénateur Palpatine a utilisé la tromperie pour être élu président du Sénat galactique. Une fois en poste, il s'est autoproclamé empereur, a déclaré la loi martiale dans la galaxie et a commencé à régner par la force à l'aide de sa toute nouvelle Flotte impériale. Palpatine arbore la tenue d'un homme simple, mais tient ses pouvoirs de persuasion et de contrôle des plus noirs tréfonds du côté obscur de la Force. Alors que la Force a déformé son visage, elle l'a aussi aidé à se maintenir en vie année après année, et, malgré son grand âge, l'Empereur reste un personnage puissant et terrible.

Des milliers de stormtroopers réunis participent aux cérémonies d'accueil de l'Empereur pendant lesquelles ont lieu des parades aériennes de chasseurs.

LA DEUXIÈME ÉTOILE NOIRE
L'Empereur a conçu la seconde Étoile Noire comme un piège colossal qui utilise des dehors de vulnérabilité pour leurrer la flotte rebelle et l'attirer dans un combat fatal.

NAVETTE IMPÉRIALE

À bord de la seconde Étoile Noire, la salle du trône, en haut d'une tour d'isolement, lui permet de surveiller les étoiles.

Dignitaires impériaux

Les faveurs de l'Empereur peuvent élever des personnes à des positions de pouvoir galactique fantastique. Les hauts dignitaires doivent leurs postes aux caprices de Palpatine. Ils forment une société de flagorneurs.

DOSSIER PERSONNEL

- ◆ Des Gardes impériaux mystérieux et d'une loyauté fanatique protègent l'Empereur dans tous ses déplacements.
- ◆ Les Gardes rouges impériaux sont si bien entraînés aux arts de la guerre que leur arme de prédilection n'est pas le blaster mais une lance vibro-active qu'ils utilisent à la vitesse de l'éclair pour infliger des blessures mortelles.

Stormtroopers impériaux

LES STORMTROOPERS IMPÉRIAUX forment les sections d'assaut que l'on envoie en renfort de la Flotte Galactique Impériale et de l'armée de l'Empire en cas de situation critique. Très disciplinés et d'une loyauté sans faille envers l'Empereur, les stormtroopers obéissent aux ordres sans hésitation, au risque de perdre leur propre vie. Les sinistres soldats anonymes utilisent leur entraînement et leurs armes contre tout opposant à l'Empire sans aucune pitié. Protégés par une armure spatiale blanche portée par-dessus une combinaison moulante, ils ne craignent ni un environnement hostile, ni les armes à projectile ou à impact, ni les éclats de blaster. Pourvues des équipements les plus sophistiqués, ce sont les troupes les plus dignes de confiance et les plus efficaces de la force militaire de l'Empire. Ce sont aussi les plus farouches opposants des soldats Rebelles.

Alors que l'armée Impériale ou les forces navales peuvent être assignées au maintien de l'ordre, les stormtroopers sont employés pour anéantir tout début de résistance et pour les combats les plus rudes. Ce sont des professionnels de l'arraisonnement, habitués à s'occuper des vaisseaux capturés.

ACCESSOIRES DU CEINTURON MULTI-USAGES
Le contenu de base d'un ceinturon est constitué de cellules énergétiques, des rations d'énergie et d'un kit d'outillage compact. Il peut aussi contenir d'autres engins tels qu'un grappin, un comlink, des macrojumelles, des menottes et un dé-ioniseur de combat.

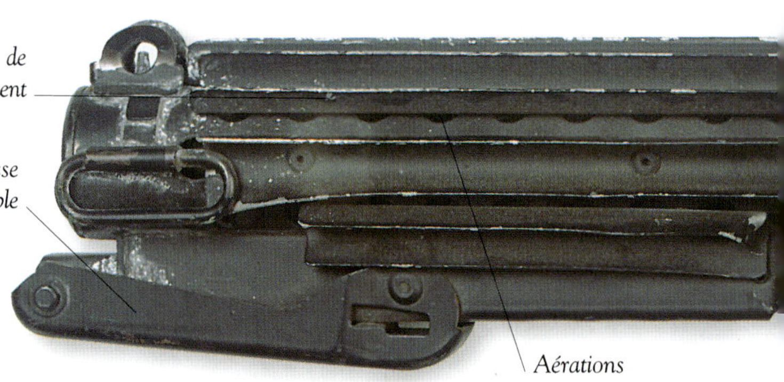

Blaster de stormtrooper

De conception robuste, l'arme de poing Impériale standard, le E-11 BlasTech, combine une excellente visée et une puissance de tir mortelle. Une cellule énergétique standard permet de tirer 100 coups. Les cellules de réserve sont contenues dans le ceinturon multi-usages des troopers. Les cartouches de gaz plasma ont une durée de vie de 500 tirs et l'arme est dotée d'un système de refroidissement qui lui confère des performances de tir supérieures. Un magasin amovible à trois positions permet de transformer le pistolet en fusil à longue portée.

Protégées par l'anonymat de leur armure et souvent déployées ou défilant en grand nombre, les légions de stormtroopers sont adeptes de la manipulation psychologique par la supériorité numérique.

CASQUETTE

BOUCLE DE CEINTURON

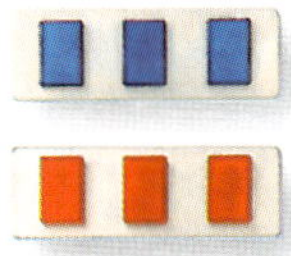

PLAQUES DE RANG

TIGE DE DÉCODAGE

TRANSMETTEUR DE CODE

Stormtrooper gradés

Quand ils ne combattent pas, les gradés arborent des tuniques et casquettes noires distinctives. Leurs insignes – disques d'officier, plaques insigne de rang et tiges de décodage – sont conformes aux standards de l'armée de l'Empire. Les tiges de décodage permettent aux gradés d'accéder aux zones de sécurité et aux systèmes informatiques. Ce sont des troopers accomplis et, au combat, ils portent les mêmes armures que les autres. Les gradés des troupes d'infanterie portent des épaulettes de couleur comme indicateur de leur rang.

Les stormtroopers sont entraînés à ignorer les pertes au combat dans leurs rangs et seules les considérations tactiques sont autorisées. Ils ne sont jamais distraits par des réactions émotionnelles.

DOSSIER PERSONNEL

◆ Un pack énergétique et un système de gaz pressurisé contenus dans le dos de leur armure permettent aux soldats de survivre même dans le vide de l'espace pendant un temps limité. Pour une exposition prolongée à cet environnement, les stormtroopers portent un pack dorsal spatial d'une plus grande capacité.

◆ L'armure des stormtroopers est imperméable aux armes à projectiles. On la transperce avec un tir de blaster direct mais elle réfléchira les rayons lumineux et réduira les dommages dus aux éclats absorbés.

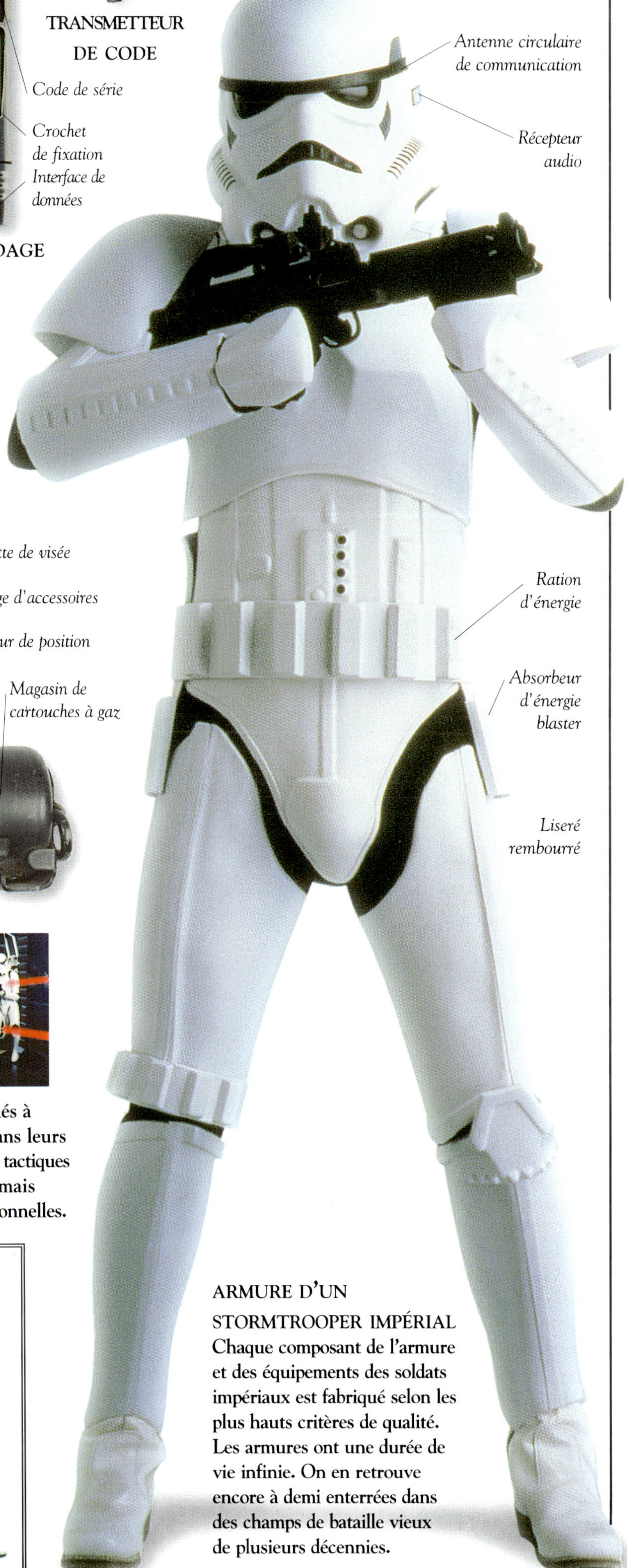

ARMURE D'UN STORMTROOPER IMPÉRIAL
Chaque composant de l'armure et des équipements des soldats impériaux est fabriqué selon les plus hauts critères de qualité. Les armures ont une durée de vie infinie. On en retrouve encore à demi enterrées dans des champs de bataille vieux de plusieurs décennies.

L'équipement d'un stormtrooper

L'ENTRAÎNEMENT BRUTAL et le conditionnement intense des stormtroopers comptent pour beaucoup sur leur puissance et leur efficacité. Mais leur équipement constitue aussi à faire d'eux les soldats les plus redoutés de la galaxie. Les troupes d'infanterie portent des sacs de munitions supplémentaires (cartouches de gaz blaster et cellules énergétiques) et des kits de survie complets. Le pack dorsal standard permet aux troopers de s'adapter à des climats extrêmes et même au vide absolu de l'espace. Les packs spécialisés sont conçus pour transporter des accessoires adaptés aux missions particulières, qui vont des conteneurs de récupération d'eau à micro-évaporateurs aux modules de refroidissement ou tout un éventail d'équipements de base de campement et de bataille.

Sous les ordres d'officiers comme le Commandant Praji, les stormtroopers s'adaptent à leur environnement. Les tempêtes de sable de Tatooine peuvent immobiliser des vaisseaux à l'atterrissage, mais les lézards Dewbacks locaux peuvent transporter les troupes équipées de packs de désert dans n'importe quelles conditions.

Grâce à leurs packs de communication à haute puissance, les troopers donnent l'alerte et les Star Destroyers en orbite partent pour intercepter le *Faucon Millenium* qui s'échappe de Mos Esley.

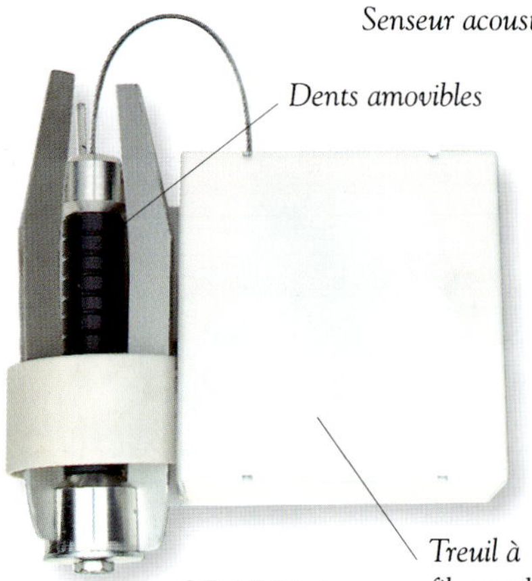

GRAPPIN

Comlink

Le comlink manuel s'ajoute à l'émetteur/récepteur inclus dans le casque des stormtroopers. Il en accroît la portée et protège les communications. Les comlinks peuvent être connectés à des algorithmes à encryption sophistiqués qui établissent un lien exclusif entre eux. À l'intérieur ou à proximité des bases impériales, la puissance des signaux des comlinks est accrue et relayée automatiquement afin d'obtenir une qualité de transmission optimale.

Détonateur thermique

Les stormtroopers sont généralement équipés d'un détonateur thermique qu'ils portent à l'arrière de leur ceinturon. Les indicateurs d'armement, le timing et l'intensité de l'explosion n'y sont pas indiqués afin d'empêcher les troupes ennemies d'utiliser le puissant explosif, au cas où elles le trouveraient. Même si ces détonateurs ne doivent pas être utilisés à bord d'un vaisseau impérial ou d'une base de combat, les troopers transportent leur paquetage complet à tout moment afin d'être prêts à combattre et de s'habituer à l'avoir sur eux.

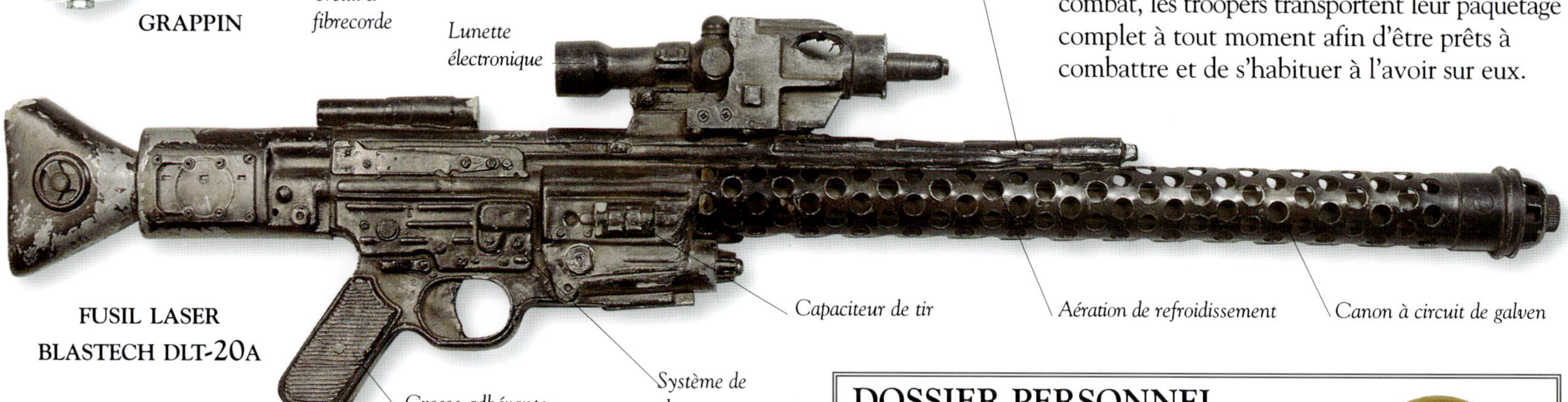

FUSIL LASER BLASTECH DLT-20A

Fusil laser

Sur le champ de bataille, l'arme impériale standard offre une précision insuffisante à longue portée. Les troupes d'infanterie sont pourvues de fusils blasters qui accroissent la précision de la trajectoire du rayon laser par incorporation de bagues de collimation supplémentaires et de circuits de galven plus longs. Les fusils blasters impériaux sont des armes extrêmement robustes, qui offrent aux stormtroopers un avantage certain à la bataille. Ce sont des armes très prisées sur le marché noir.

DOSSIER PERSONNEL

- ◆ Le pack dorsal des stormtroopers peut comprendre un équipement de communication à longue portée, des lances mortiers et de quoi établir un périmètre de sécurité.
- ◆ Les chefs d'escadron, qui dirigent des unités de sept troopers, portent des épaulettes oranges.

Casque de stormtrooper

Il existe bon nombre de types de casques standard d'un stormtrooper (auxquels s'ajoutent des composants spécialisés) évoluant au fil du temps. Sur ce modèle, un équipement optique amélioré génère des images holographiques du terrain alentour, protégeant les yeux de la lumière excessive et offrant une vision au-delà de barrières telles que la fumée, les ténèbres et le feu. Les équipements optiques des casques des troopers vont des simples lentilles à ces processeurs visuels sophistiqués. L'intérieur des casques est refroidi et climatisé afin de maintenir les troopers au maximum de leurs capacités à tout moment.

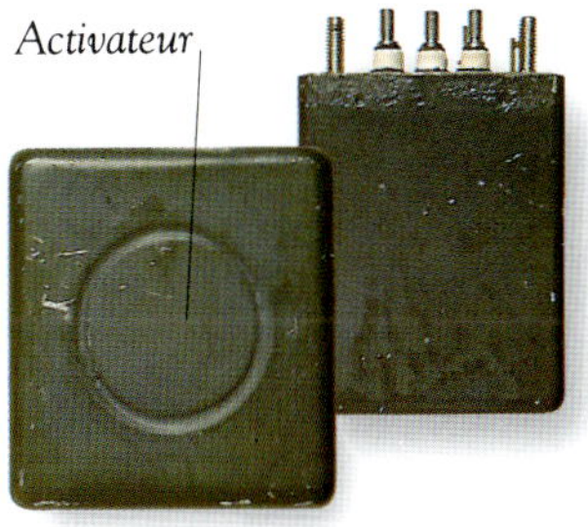

CELLULES ÉNERGÉTIQUES
Les petits packs d'énergie se branchent sur l'équipement de base, y compris les casques et les armures dorsales ainsi que les accessoires de communication et autres équipements de combat. Des circuits extraient l'énergie maximale des cellules.

Stormtroopers spécialisés

À CHAQUE SITUATION MILITAIRE correspond un type de soldat impérial, équipé pour opérer dans des environnements particuliers. Certains troopers impériaux sont sélectionnés très tôt pour être spécialisés et conditionnés. On leur fournit les connaissances adéquates et un entraînement mental. Une fois spécialisés, leur conditionnement psychologique est si prononcé que ces troopers ne demandent presque jamais à changer de division.

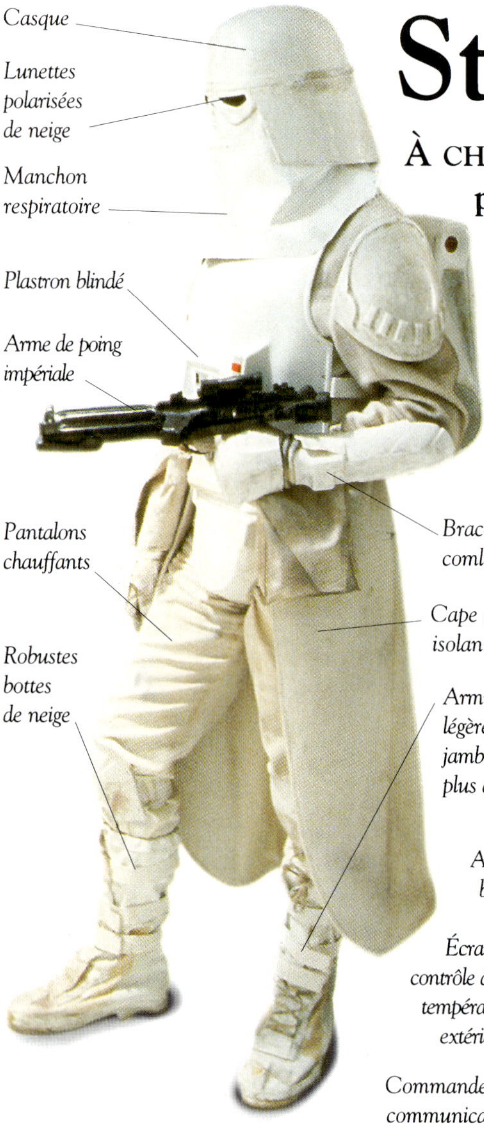

Le lourd canon mitrailleur du blaster E-Web peut être démonté et porté sans difficulté par une équipe réduite de troopers sur des terrains enneigés ou des passages glacés d'accès difficile. Avec un tel armement, les troopers spécialisés peuvent réduire à néant tout avantage rebelle dû à un terrain inhabituel.

PLASTRON BLINDÉ D'UN SNOWTROOPER

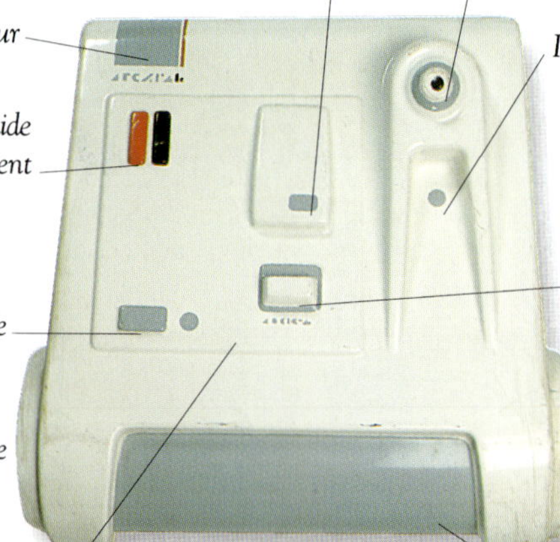

PACK DORSAL D'UN SNOWTROOPER

Snowtrooper

Équipés de manchons respiratoires sous leurs masques faciaux, les snowtroopers sont des unités de combat autonomes. Leurs packs dorsaux et leurs armures les protègent du froid tout en leur laissant une mobilité exceptionnelle. Ils peuvent survivre deux semaines dans des mondes complètement gelés grâce à la seule cellule énergétique de leur armure.

Les troupes d'infanterie des forces Blizzard dirigées par le général Veers sur Hoth sont accompagnées pendant l'invasion de la base Écho par Dark Vador. Il surveille l'occupation de la base avec les premières lignes des troupes d'assaut.

Speeder bike

Le speeder léger à répulseur impérial peut transporter à grande vitesse une ou deux personnes pour des missions de reconnaissances. Un système inhabituel de répulseur à turbine rend la moto stable même lors de manœuvres extrêmes. Des champs répulseurs de guidage à l'avant permettent de piloter le snowspeeder en évitant des obstacles, mais ils doivent être utilisés avec précaution car ils ne sont pas assez puissants pour éviter les obstacles par eux-mêmes.

Scout troopers

Les scout troopers sont pourvus d'un équipement qui leur permet de piloter les speederbikes précisément et pendant longtemps sans assistance. Très indépendants pour du personnel impérial, ils sont conditionnés pour travailler en groupe si nécessaire. Ils ne portent une armure que sur la partie supérieure de leur corps et sur la tête. Ils transportent des rations alimentaires, des micro-cordes et autres équipements qui leur permettent d'atteindre presque tous leurs objectifs loin de l'assistance des forces impériales.

Dans la forêt d'Endor, les scout troopers patrouillent autour du générateur de bouclier impérial et de ses garnisons, à l'affût de créatures forestières gênantes et de terroristes. Travaillant en unités de deux ou de quatre, ils coordonnent leurs efforts pour optimiser la couverture du site.

DOSSIER PERSONNEL

◆ Il existe d'autres divisions spéciales : les troupes aériennes (airtroopers), maritimes (seatroopers), d'affouillement de tunnels et les troupes magma qui maintiennent l'ordre dans les mondes miniers.

◆ Les scout troopers ont des senseurs cinétiques et une visière à macrojumelles, pour détecter les émissions d'énergie et agrandir l'image des cibles désignées.

BLASTER DE SCOUT TROOPER

Les pilotes impériaux

LES PILOTES DE CHASSEURS IMPÉRIAUX constituent une troupe d'élite au sein de la flotte de l'Empire. Seulement 10 % des candidats à la formation obtiennent leur brevet et un poste d'officier. Suite à un conditionnement psychologique intense, les pilotes sont entièrement dévoués à la destruction de leur cible et savent que leur mission passe avant tout, y compris leur vie et l'assistance aux autres pilotes. Chacun sait qu'il est sacrifiable. Les pilotes de chasseurs TIE sont entraînés à considérer leur vaisseau comme instrument suprême de la volonté militaire de l'Empire. Ils se réjouissent de leur rôle et sont fiers de leur dépendance envers l'autorité supérieure.

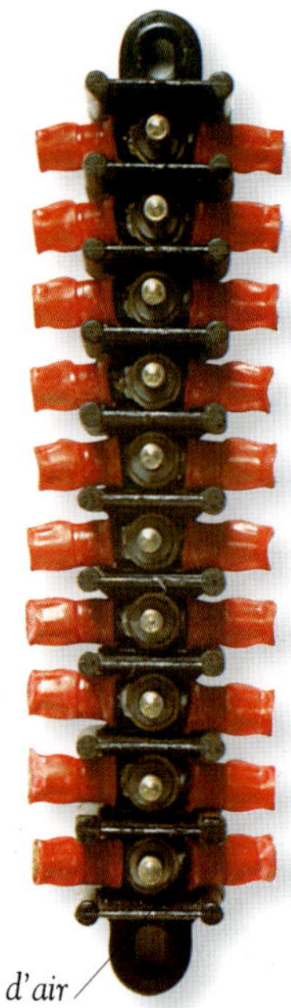

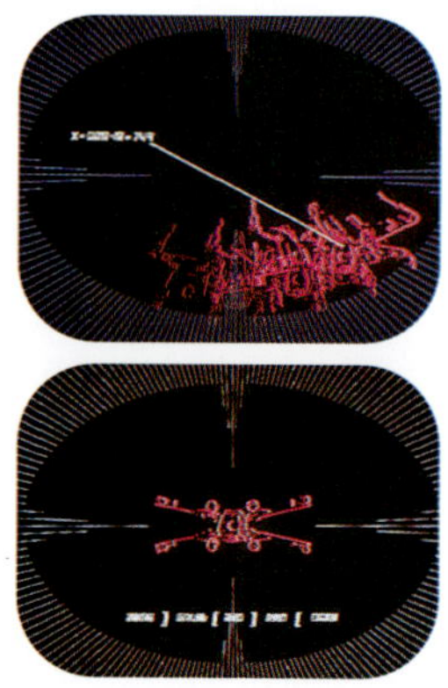

DONNÉES DE VISÉE
Les systèmes de visée du TIE sont supérieurs à tout ce que peuvent posséder les soldats rebelles. Les données sophistiquées offertes par ces systèmes Seinar sont de haute résolution.

Chasseur TIE

Le chasseur TIE standard n'est pas pourvu de bouclier déflecteur ou d'hyperpropulseur mais emploie un puissant moteur à gaz ionisé activé grâce aux « ailes » à panneaux solaires. Cette conception allégée rend le vaisseau très maniable, mais laisse le pilote sans protection et incapable de s'éloigner de sa base. Les pilotes de chasseur TIE considèrent les boucliers de protection comme des instruments de lâches.

UNITÉ DE BROUILLAGE

RÉSERVOIR DE CARBURANT DU CHASSEUR TIE
Le carburant est un gaz radioactif sous haute pression. Les moteurs jumeaux à gaz ionisé sont fabriqués d'un bloc et de maintenance facile.

DOSSIER PERSONNEL

◆ Les pilotes comptent sur leur combinaison pour les maintenir en vie dans l'espace puisque les chasseurs TIE n'ont pas de systèmes de pressurisation.

◆ Les chasseurs TIE n'ont pas de piste de décollage. Ils sont lancés à partir de rails.

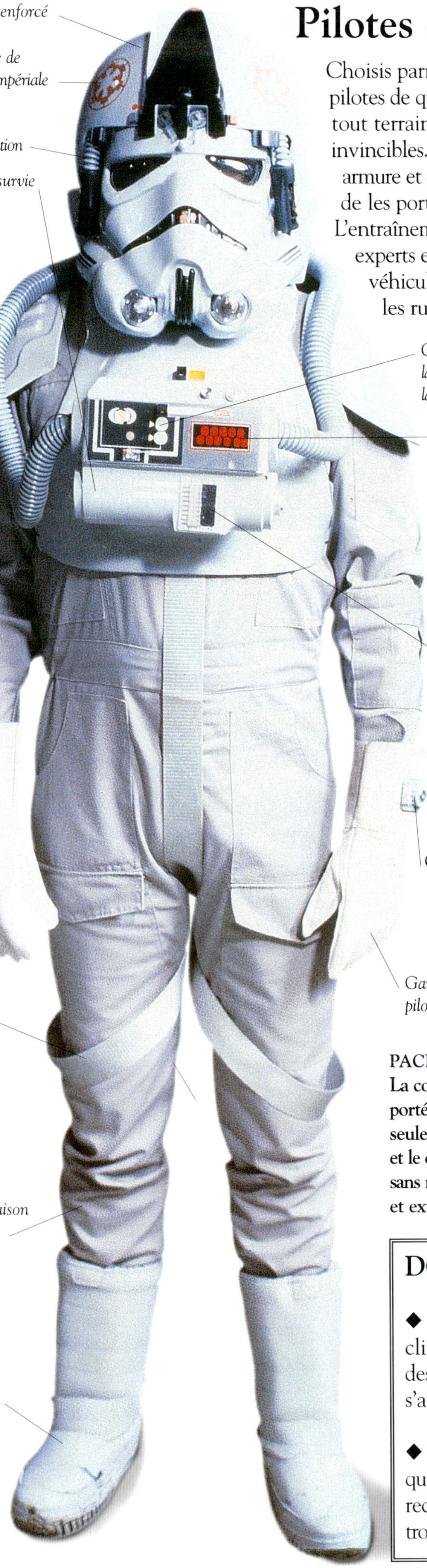

Pilotes de TB-TT

Choisis parmi les soldats les plus endurcis, les pilotes de quadripodes TB-TT (transports blindés tout terrain) ont été conditionnés à se croire invincibles. Même s'ils n'ont plus besoin de leur armure et de leurs packs de survie, ils continuent de les porter en signe de leur passé de soldats. L'entraînement des pilotes de TB-TT en fait des experts en matière de guidage de ces puissants véhicules sur des terrains accidentés ou dans les rues des villes où ils sèment la terreur.

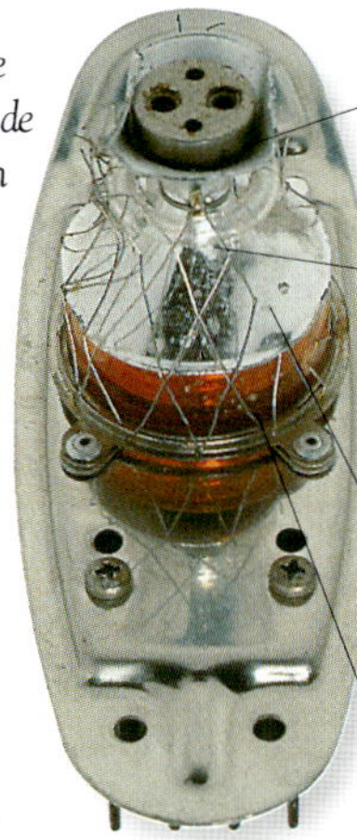

SENSEUR DE VISÉE QUADRIPODE

UNITÉ DE CONTRÔLE DU PACK ÉNERGÉTIQUE

PACK ÉNERGÉTIQUE DE SURVIE

La conception élaborée du pack de survie impérial porté par les pilotes de quadripodes permet à une seule cellule énergétique d'alimenter les systèmes et le chauffage de la combinaison jusqu'à cinq jours sans rechargement. La cellule énergétique s'autogère et extrait la puissance maximale de ses matrices.

DOSSIER PERSONNEL

◆ Les quadripodes ne sont pas climatisés. Leurs pilotes portent donc des combinaisons spéciales pour s'aventurer dans des mondes gelés.

◆ Les pilotes de quadripodes sont recrutés parmi les troupes les plus fortes.

Pilotes d'AT-ST

Les bipodes peuvent se mouvoir et traverser des terrains trop accidentés ou trop denses pour les énormes quadripodes impériaux. Leurs pilotes sont recrutés sur leur sens de l'équilibre et leur dextérité, car ces transporteurs doivent pouvoir s'extraire rapidement d'une situation imprévue pour accomplir leurs missions de reconnaissance ou antipersonnelles.

Les forêts et les pentes ne sont pas un obstacle pour les bipodes, de petite taille et stabilisés par gyroscope. Leur autonomie est réduite car ils sont trop petits pour contenir un générateur de puissance locomoteur de taille normale et du carburant.

Quadripodes

Ces machines gigantesques sont des armes terrifiantes. Leurs puissantes commandes de marche ne peuvent être activées que par des pilotes dotés d'une grande force physique. Jusqu'à la bataille de Hoth, les quadripodes étaient considérés partout comme invincibles et leur apparition suffisait à faire reculer les troupes ennemies.

Droïdes impériaux

Quand la princesse Leia refuse de dévoiler l'endroit où est cachée la base rebelle, Dark Vador amène avec lui un droïde de torture. Leia avait entendu des rumeurs sur cette atrocité mais espérait qu'il s'agissait de mensonges. Soumise aux horribles manipulations de la machine, elle a résisté, même presque morte de douleur.

LES FORCES MILITAIRES IMPÉRIALES adaptent des droïdes ordinaires aux besoins spécifiques de l'Empire et utilisent de nouveaux modèles spécialisés, y compris les droïdes illégaux comme assassins et bourreaux. Les droïdes impériaux sont programmés sur des paramètres d'identité particulièrement inflexibles qui réduisent leur champ d'action et les assignent à des tâches précises, sans souci des circonstances externes. Ce sont de pures machines qui développent rarement un semblant de personnalité.

Droïdes souris

Souvent employés au transport de messages, les droïdes d'assignation (ou « droïdes souris ») sont aussi utilisés dans les vastes vaisseaux et stations de l'Empire pour guider les troupes à travers des dédales de couloirs jusqu'à leur poste d'assignation. Dotés des plans complets de leur section, ils sont programmés pour faire fondre leurs processeurs quand ils sont capturés. Cela leur donne un étrange sentiment de paranoïa et d'importance à la fois.

R4-I9

Pendant leurs patrouilles dans l'Étoile Noire, les unités de réparation et de maintenance informatique accomplissent leurs tâches automatiquement et seulement sur les équipements qui leurs sont confiés. Leur perception étant limitée pour des raisons de sécurité, ils ne manifestent aucun intérêt pour ce qui n'est pas leur travail.

Droïde interrogateur

Rendu illégal par les lois de la République, ce droïde interrogateur est l'une des horreurs concoctées sous le sceau du secret impérial. Sans pitié, cette machine cauchemardesque exploite minutieusement les points de faiblesse physiques et mentaux à l'aide d'éplucheurs de chair, de disloqueurs d'articulation, de fragmenteurs d'os, d'électrochocs et autres accessoires inqualifiables. Il injecte des drogues qui augmentent les douleurs déjà affreuses et efface la résistance mentale en forçant ses victimes à rester conscientes.

Droïde sonde (Sondbot)

Amenés sur leur planète de destination dans des capsules à hyperpropulsion, ces droïdes intelligents traversent la galaxie sans s'arrêter, à la recherche de traces de présence rebelle. Planant au-dessus du sol grâce à des répulseurs et flottant mystérieusement par poussées silencieuses, les sondbots sont équipés d'une myriade de senseurs et dotés d'instincts d'enquêteur. Ils communiquent leurs découvertes aux destroyers stellaires par le biais des transceveurs à hautes fréquences de l'holoréseau.

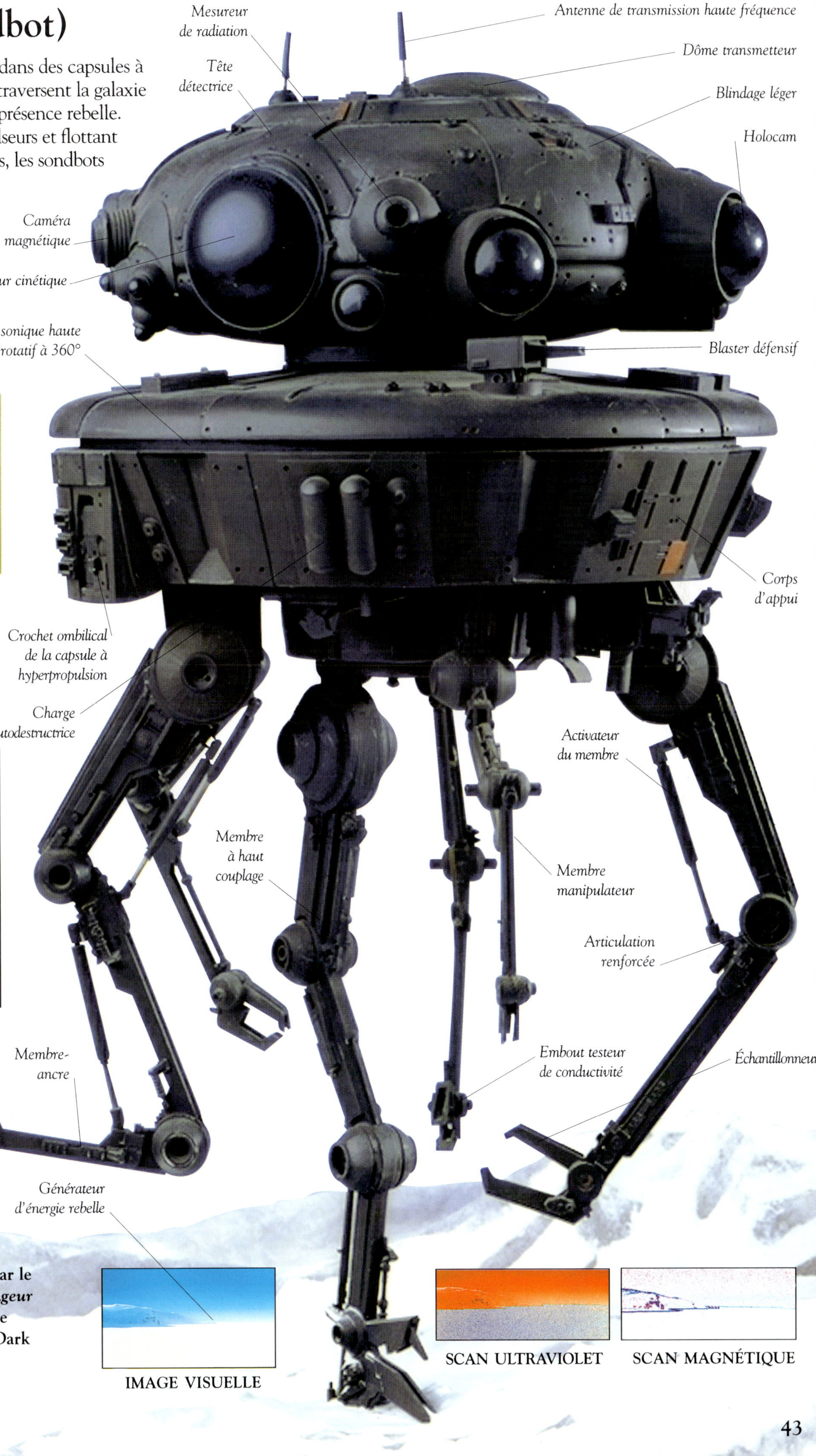

Le droïde IM4-099 de la patrouille impériale Mark IV traverse les rues de Mos Eisley à la recherche d'activité criminelle ou d'émissions de signaux illégaux. Il n'est pas pourvu d'arme mais fait résonner son alarme et transmet l'alerte dès qu'il détecte quelque chose.

DOSSIER PERSONNEL

◆ Des droïdes utilitaires impériaux sont équipés d'appareils d'espionnage qui permettent aux surveillants humains de suivre le personnel militaire et de s'assurer de son obéissance.

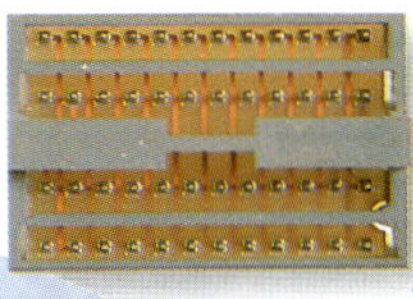

SENSEUR DE SONDBOT

Un sondbot envoyé par le Star Destroyer *le Vengeur* détecte la base Rebelle de Hoth et envoie à Dark Vador ses images du générateur d'énergie.

IMAGE VISUELLE

SCAN ULTRAVIOLET

SCAN MAGNÉTIQUE

Jabba le Hutt

Le palais de Jabba est équipé de nombreux appareils de sécurité comme ce droïde gardien semi-intelligent qui surveille plusieurs entrées.

CAÏD DE LA PÈGRE, le repoussant Jabba le Hutt est au centre d'un énorme empire du crime. Doté d'un esprit mafieux aiguisé, Jabba a construit son syndicat du crime grâce à une succession de marchés, de menaces, d'extorsions, de meurtres et de montages d'affaires avisés. Au contraire de bon nombre de ses concurrents, Jabba est très intelligent et se moque rarement des détails et du danger. Autrefois audacieux et téméraire, il coule ses vieux jours dans la débauche de son palais de Tatooine. Jabba apprécie les loisirs violents presque autant que le profit et il organise régulièrement des jeux mortels de gladiateurs et des mises à mort théâtrales.

TATOUAGE DE JABBA (PIGMENTS DE RACINES DE YORO)

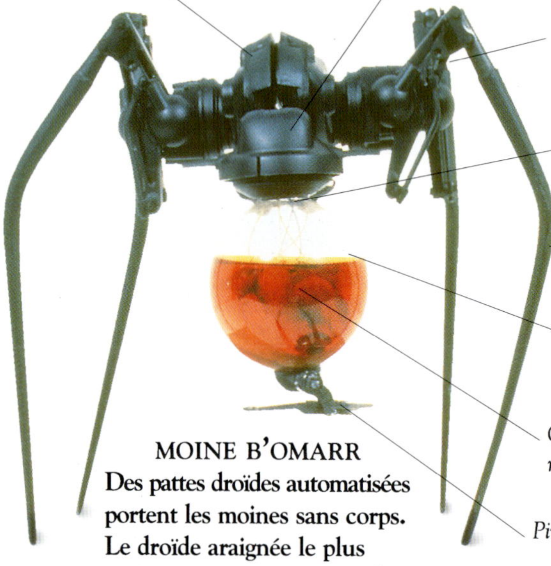

MOINE B'OMARR
Des pattes droïdes automatisées portent les moines sans corps. Le droïde araignée le plus ancien avait quatre pattes, les modèles plus récents en ont six.

Le palais du désert de Jabba le Hutt était à l'origine un monastère construit il y a longtemps par les mystérieux moines B'omarr. Année après année, des hordes de bandits ont pris le contrôle de certaines parties de la citadelle, obligeant les moines à effectuer leurs rituels secrets dans les souterrains de la structure. Q.G. de Jabba, la forteresse abrite une faune diverse de gangsters, assassins, voyageurs, membres corrompus des autorités, amuseurs et serviteurs.

Oola

Oola a été kidnappée de son clan primitif par le majordome de Jabba, Bib Fortuna, et formée à l'art des danses de charme par d'autres femmes Twi'lek. Malgré la grande attirance que Jabba a pour elle, elle refuse de s'offrir à lui.

DOSSIER PERSONNEL

◆ Jabba conserve une luxueuse résidence sur Mos Eisley. Il y réside et mène ses tractations à l'astroport. Où qu'il soit, il exige ses neuf repas quotidiens.

◆ Malgré ce qu'en pensent les autres créatures, Buboicullaar, dit Bubo (à droite) est intelligent. Il a un jour avalé le détonateur d'une bombe destinée à assassiner Jabba.

Jabba le Hutt

Jabba Desilijic Tiure (connu sous le nom de Jabba le Hutt) vient de la planète forestière Nal Hutta, où il a été élevé par son père, seigneur de la pègre, dans l'obsession du pouvoir. Les Hutts sont célèbres pour leur absence de pitié et de morale. Ils exploitent leur puissance physique pour assujettir des espèces plus faibles. Les Hutts dirigent la plupart des syndicats du crime de la galaxie.

Escortée de gardes sur des esquifs des sables, la barge à voiles de Jabba, *Khetanna*, le transporte pendant ses voyages à Mos Esley ou sur des lieux de mises à mort et de combats de gladiateurs organisés pour son loisir.

Le palais de Jabba est plein de créatures bizarres, comme son armurier personnel, Herni Odle le Baragwi. L'ancien contrebandier Ephant Mon est le seul vrai ami de Jabba : le Hutt lui a sauvé la vie.

Salacious Crumb

Quand Jabba a trouvé ce singe-lézard kawakien, en train de lui voler de la nourriture, il a voulu le dévorer, mais il a fini par s'amuser des cocasseries de la créature. Salacious est depuis lors bouffon en titre à la cour de Jabba.

La cour de Jabba

AUTOUR DE JABBA se presse une foule d'individus divers, flagorneurs, conspirateurs, mercenaires et autres êtres mystérieux. Le puissant syndicat du crime de Jabba leur offre de nombreuses opportunités. De même, son pouvoir et sa fortune en font la cible de nombreux complots. Jabba considère ces inévitables intrigues comme des amusements, dressant les comploteurs les uns contre les autres avant de les détruire. Au milieu des luttes d'influence et des ambitions frustrées, certains individus se contentent de faire leur travail et ignorent le réseau d'intrigue autour d'eux. Tous les courtisans ont leur propre histoire et sont arrivés au palais du désert à la suite d'étranges parcours.

POIGNARD TWI'LEK ET POISON

Tessek, Quarren intelligent de la planète Mon Calamari, observe le palais de Jabba avec un esprit clair et calculateur. Comptable de Jabba, il détourne son argent vers des fonds secrets et complote (comme beaucoup d'autres) pour organiser l'assassinat de Jabba et prendre le pouvoir sur l'organisation.

Bib Fortuna

Le majordome Twi'lek de Jabba supervise les affaires du palais mais aussi de la résidence de Mos Eisley. Avant de travailler avec Jabba, Bib Fortuna était un riche marchand d'esclaves de son propre peuple. Puis il a été recherché comme criminel pour avoir fait de la contrebande d'épices illégales. Second de Jabba, il complote pour assassiner son patron sous des airs d'obséquiosité. La mainmise de Fortuna sur l'organisation et sa tendance à la sournoiserie avec ses amis comme avec ses ennemis, en font un personnage puissant et redouté malgré sa lâcheté.

Jabba est satisfait des services de Bib Fortuna mais le trouve moins stylé que son meilleur majordome, Sevan Domna, tué il y a des décennies lors d'une tentative d'assassinat contre Jabba.

BLASTER DE GARDE D'ESQUIF

DOSSIER PERSONNEL

◆ Jabba sait que Tessek complote contre lui grâce à un moine B'omarr qui lui a révélé ces plans lors d'une conversation secrète.

◆ Bib Fortuna, et un associé assassiné depuis, ont amené son rancor à Jabba. Il a été découvert dans un mystérieux vaisseau écrasé dans le désert de Tatooine.

◆ Jabba n'aime pas les Humains, et peu d'entre eux peuvent se vanter d'avoir séjourné dans son palais. Il leur préfère les chasseurs rhodiens, les occasionnels Snivviens sociopathes (à droite) et les sinistres bandits weequays.

La plupart des Eloms sont des sympathisants de la Rébellion, mais ce vil opportuniste pratique l'extorsion de fonds sous la houlette de Jabba et en interaction avec d'autres créatures du palais.

Les gardes d'esquifs de Jabba servent d'escortes et de vigies. Sur les esquifs, ils sont exposés au vent, au soleil et aux tirs ennemis. Les nouvelles recrues sont affectées à ces postes.

J'Quille est un Whipid brutal de la planète froide de Toola, qui travaille pour Jabba comme chasseur de primes. C'est un espion issu d'un réseau criminel rival qui envisage de tuer le Hutt avec un poison lent qu'il distille dans sa nourriture.

Gardes gamorréens

Des gardes gamorréens, robustes et brutaux, servent de sentinelles au palais de Jabba. Enclines à la violence, ces créatures à l'esprit lent sont têtues et loyales. Leur manque d'intelligence est un avantage certain pour leurs employeurs car ils sont incorruptibles et ne trahissent jamais. Ils préfèrent les armes de combat rapproché aux blasters.

Les amuseurs de Jabba

Yarna d'al Gargan est danseuse au palais depuis des années. Fille d'un chef de tribu askaji, elle a été amenée sur Tatooine par des esclavagistes et achetée par Jabba. Elle continue à détester le Hutt, mais se sent proche de certains des habitués du palais.

JABBA PASSE BEAUCOUP DE TEMPS dans son palais. Il y fait venir des amuseurs pour lui et sa cour. Sa fortune et ses dépenses somptuaires attirent parfois de vrais talents, mais la mauvaise réputation du palais tend à n'y faire venir que les cas désespérés. Les musiciens qui y atterrissent sont souvent des esclaves endettés, des « accros » aux épices ou la lie des chanteurs intergalactiques. Quelques-uns sont arrivés là par mégarde et ceux qui quittent le palais intact renvoient généralement leur manager. Grâce aux caprices de Jabba, cet étrange conglomérat de musiciens et de danseurs garde tout de même espoir.

Ces chanteurs ont été épouvantés à la vue de ce qu'est la vie dans le palais de Jabba. Ils ont mis tout leur enthousiasme dans chaque concert, tout en cherchant une façon de sortir de là vivants.

Le joueur de tambour de Jabba, Ak-rev, a été élevé dans un monastère Sriluurien consacré à Am-Shak, le dieu du tonnerre. Il a appris à jouer du tambour-tonnerre au temple. Ak-rev est assisté du Klatoonien Umpass-stay, garde du corps secret de Jabba.

Doda Bodonawieedo le Rodien est devenu le barde préféré des Gamorréens du palais de Jabba. Parfois, il joue avec les groupes du palais. Barquin D'An est le frère du Bith Figrin D'an des Modal Nodes.

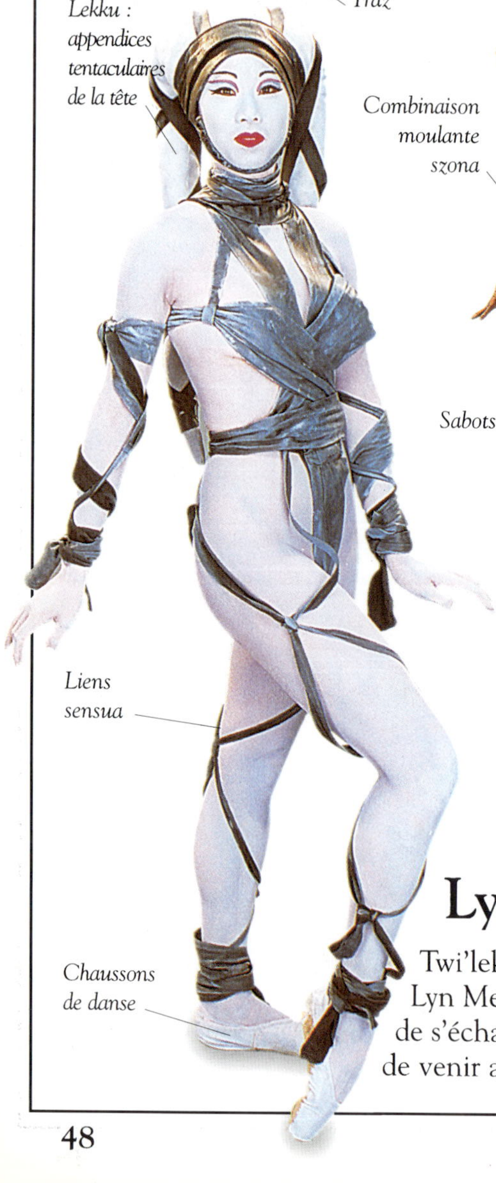

RYSTALL

GREEATA

KLESPLONG BONTORMIEN

Quand il aime particulièrement un son, Jabba garde les instruments de groupes qui... n'auront plus l'occasion de s'en servir. Ces instruments exotiques restent au palais et le Hutt donne parfois l'ordre aux nouveaux groupes d'en jouer, même s'ils ne savent pas comment.

Le corps des Hutts ne leur permet pas de danser, mais Jabba a développé un goût pour les mouvements sinueux et rythmiques des danseuses non Hutts. Une bonne danseuse peut obtenir les faveurs et l'indulgence de Jabba et celles qui connaissent l'art de la manipulation peuvent trouver profit et opportunité parmi les courtisans.

Lyn Me

Twi'lek du stérile continent Nord de Ryloth, Lyn Me s'est initiée à la danse de charme afin de s'échapper de sa planète. Elle a été persuadée de venir au palais de Jabba par Max Rebo.

DOSSIER PERSONNEL

◆ Il est entré au palais plus de groupes qu'il n'en est sorti. Quand il est vraiment déçu, Jabba nourrit son rancor avec les musiciens médiocres.

◆ Connu sous le nom de Rapotwanalantonee, le Shawda Ubba de Max Rebo sonne comme une flûte et un orgue aquatique.

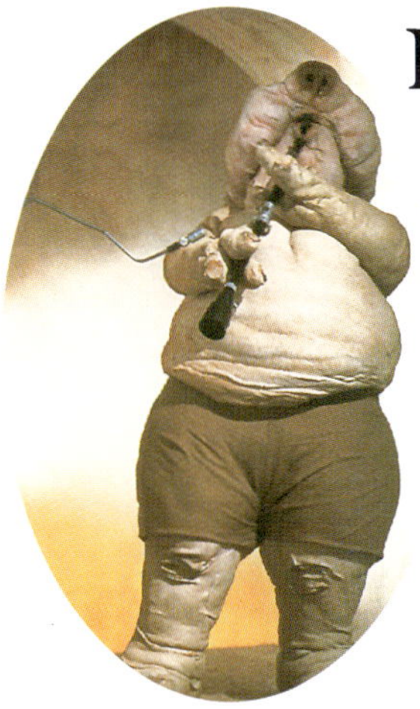

Droopy McCool

S'intéressant peu à ce qui se passe autour de lui, ce Kitonak n'apprécie guère le nom de scène que lui a attribué Max Rebo. Quasi-mystique, il détone avec le reste du Rebo Band mais ne s'en rend pas compte : il se préoccupe seulement de jouer sa mélodie. À la recherche de gens de son espèce, il dit avoir entendu d'autres Kitonaks dans les dunes de Tatooine.

Sy Snootles

Trompée par l'enthousiasme de Jabba, la danseuse égocentrique Sy Snootles se fait des illusions sur son potentiel. Sa façon de chanter est trop singulière pour lui permettre de faire carrière où que ce soit. Elle ne le saura sans doute jamais, car quitter le palais n'est pas facile pour les chanteuses favorites de Jabba.

Max Rebo

L'Ortoléen bleu connu dans le business sous le nom de Max Rebo est un joueur de clavier à moitié fou, obsédé par la nourriture. Il a accepté un contrat avec Jabba en échange de repas gratuits, à l'indignation des autres musiciens du groupe. C'est peut-être un mauvais manager mais il aime la musique et maîtrise bien son instrument de prédilection.

ORGUE À JET DE BALLES ROUGES

Boba Fett

MYSTÉRIEUX CHASSEUR DE PRIME possédant son propre code d'honneur, Boba Fett porte une combinaison et une armure mandolorienne d'un autre âge et cabossée, mais toujours aussi mortellement efficace. Caché derrière son casque, Boba Fett est un personnage énigmatique aux origines inconnues. Fett choisit ses contrats, mais il s'y donne à fond et avec obstination. Son sang-froid, son esprit calculateur, et ses divers talents cachés lui font réussir des missions impossibles et lui valent la réputation de meilleur chasseur de primes de la galaxie. Les armes intégrées à sa combinaison et dissimulées dans son vaisseau, le *Slave I*, en font sûrement le pire cauchemar de ses proies.

Boba Fett a travaillé avec Dark Vador à plusieurs reprises, à tel point qu'on l'appelle souvent le bras droit de Vador. Ce dernier trouve en Fett un homme intelligent, sans pitié et compétent, capable de traquer les Rebelles et de poursuivre Luke Skywalker.

Le Slave I

Le vaisseau spatial de Boba Fett est un ancien véhicule de police hautement modifié, bourré d'armes et d'équipements de traque et doté d'un système de brouillage de senseurs grâce auquel il approche ses proies sans être détecté. Quatre générateurs de puissance font fonctionner les systèmes d'armements qui peuvent jaillir de panneaux dissimulés.

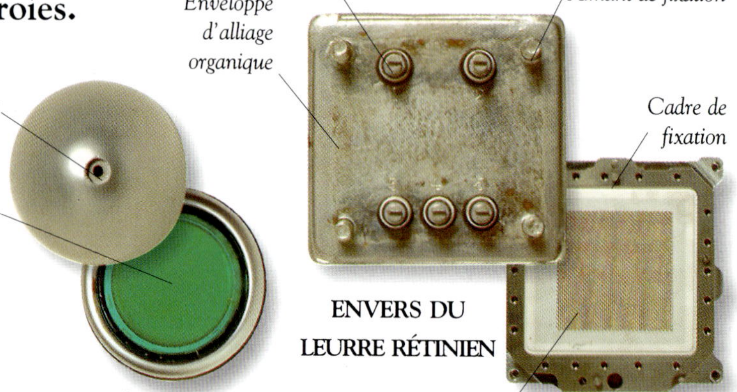

Boba Fett utilise ces engins pour dépister ses proies et accéder aux zones de haute sécurité sans être repéré. Le falsificateur d'empreintes bloque le système de verrouillage et simule le champ bioélectrique des empreintes de n'importe quel individu. Le leurre rétinien trompe les verrouillages à scan rétinien de la même façon. Le cône ionique utilise l'holonet galactique pour retrouver n'importe quel vaisseau dans toutes les galaxies connues.

Propulseur dorsal

L'équipement dorsal de Fett est une excellente combinaison de pack propulseur et de lance-roquettes. Le lanceur peut envoyer des missiles mais aussi des grappins reliés à une corde et un treuil. Le propulseur permet à Boba Fett de voler sur de courtes distances pour s'évader ou surprendre ses proies.

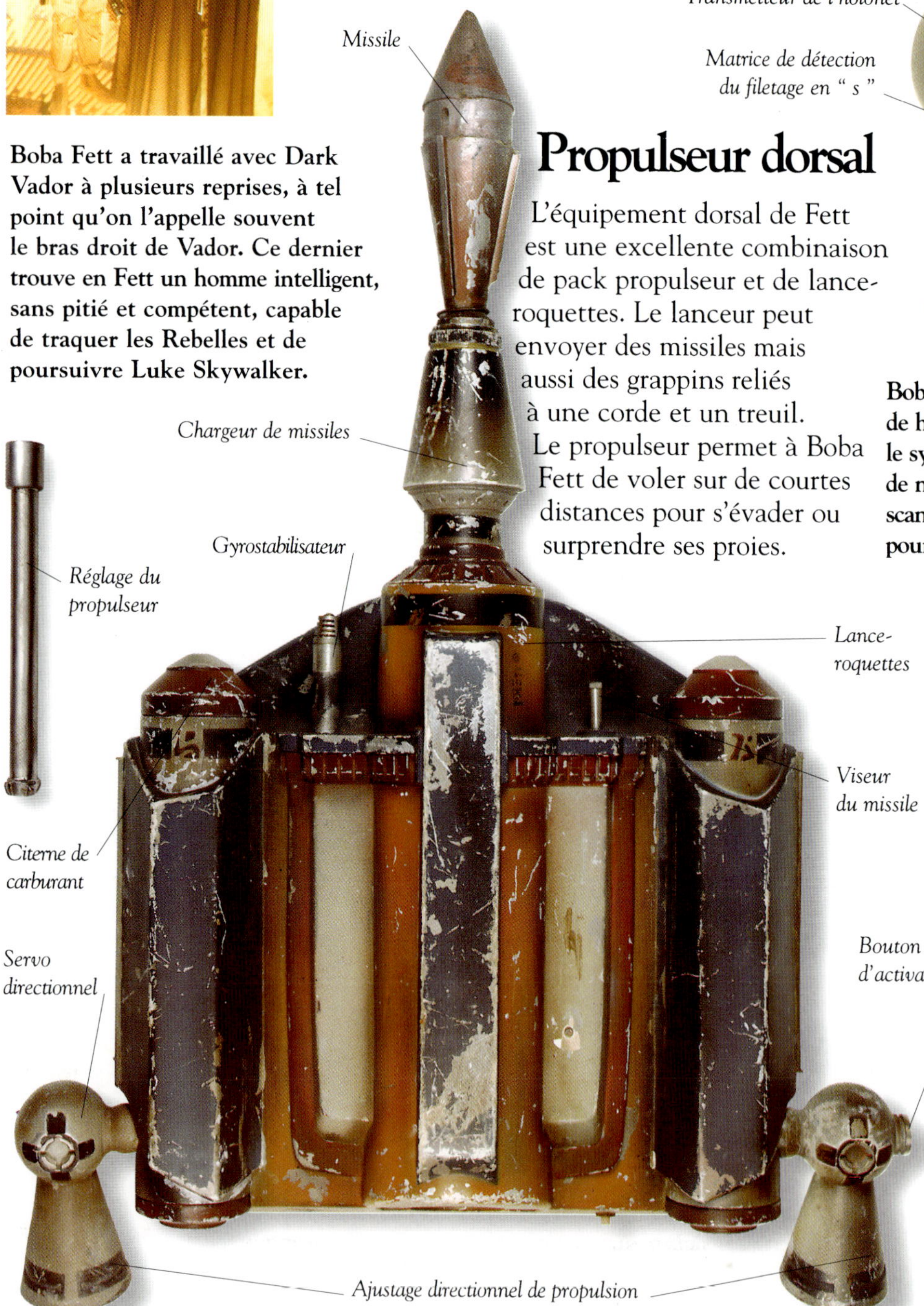

DOSSIER PERSONNEL

◆ On sait que Fett désintègre complètement ceux qu'il a été payé pour traquer et tuer.

◆ Boba Fett a rencontré Luke Skywalker pour la première fois sur une des lunes du système Panna, pendant une mission pour Dark Vador. Fett a presque réussi à piéger Luke et à lui faire dire où était le nouvel emplacement de la principale base rebelle.

◆ Les services de Fett ont un prix exorbitant. Mais on n'achète pas son honneur. Il n'accepte que les missions qui vont dans le sens de la justice.

Même le contrebandier corellien Yan Solo n'a pas pu échapper à la ruse et à la détermination de Boba Fett. Devançant tous les autres chasseurs de primes, Boba Fett a localisé Solo sur Bespin, l'a capturé et a chargé le corps de Solo congelé par la carbonite dans la soute du *Slave I*.

COUTEAU DE SURVIE

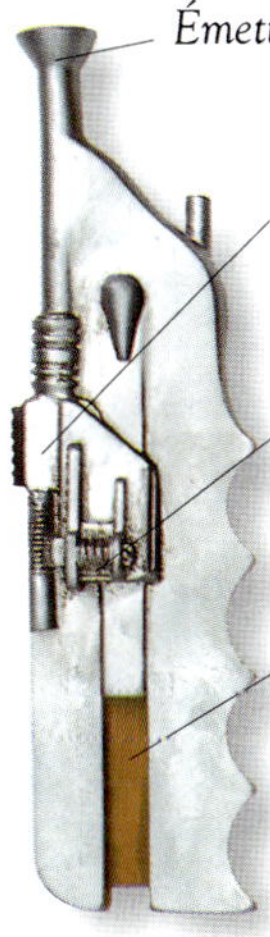

ARME À FAISCEAU SONIQUE

GENOUILLÈRE À LANCE-ROQUETTES

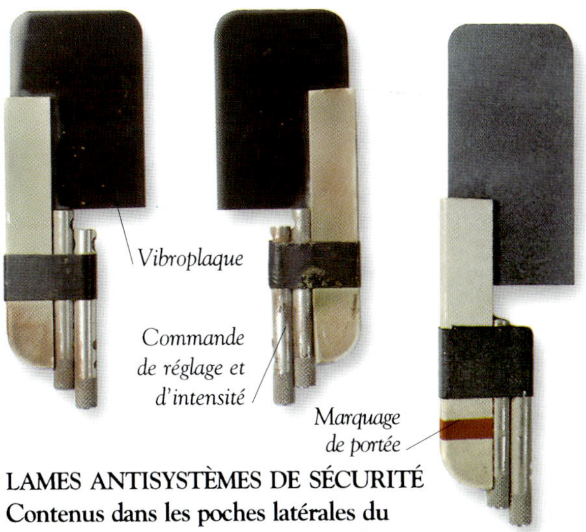

LAMES ANTISYSTÈMES DE SÉCURITÉ

Contenus dans les poches latérales du pantalon de Fett, ces instruments électroniques peuvent vaincre les boucliers de protection, éliminer les caméras et autres systèmes de sécurité grâce à des ondes d'interférence harmoniques. En puissance maximale, ils peuvent mettre hors service les verrouillages magnétiques et ouvrir les portes. Boba Fett les utilise séparément pour divers usages et ensemble pour créer un champ antisécurité et forcer les portes magnétiques.

Ayant déjà travaillé comme homme de main pour le caïd de la pègre, Boba Fett a accepté de renouveler son contrat avec Jabba le Hutt contre un supplément à la prime pour la capture de Yan Solo. Certains pensent que Fett est aussi resté au palais pour admirer son trophée congelé sur les murs de la salle du trône de Jabba. Mais personne n'en sera jamais sûr.

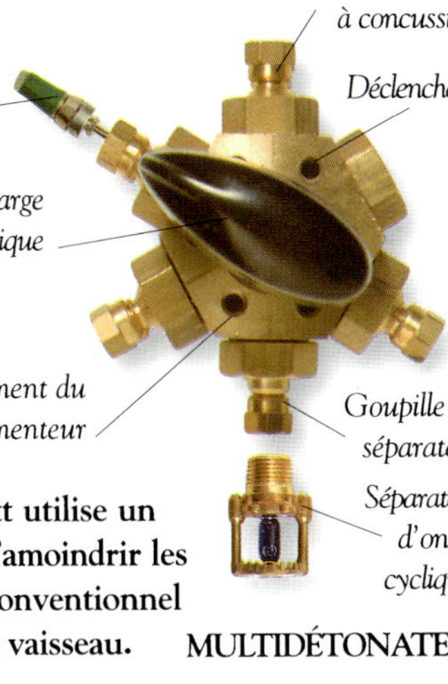

MULTIDÉTONATEUR

Pour ses gros travaux de démolition, Boba Fett utilise un multidétonateur obsolète, moins susceptible d'amoindrir les effets boucliers qu'un détonateur thermique conventionnel et capable de réduire en miettes ur. moteur de vaisseau.

Chasseurs de primes

Les lois restrictives de l'Empire ont mis beaucoup d'individus hors-la-loi en encourageant la contrebande et en générant de longues listes de proscrits. Les récompenses impériales pour la capture de ces « ennemis de l'État » ont fait de la chasse à la prime une profession prospère. Souvent eux-même d'anciens criminels, bon nombre de chasseurs de primes tuent avec l'aval des lois impériales. Quelques-uns travaillent avec la légitime intention de capturer des criminels, mais la profession en général se distingue par son extraordinaire malhonnêteté.

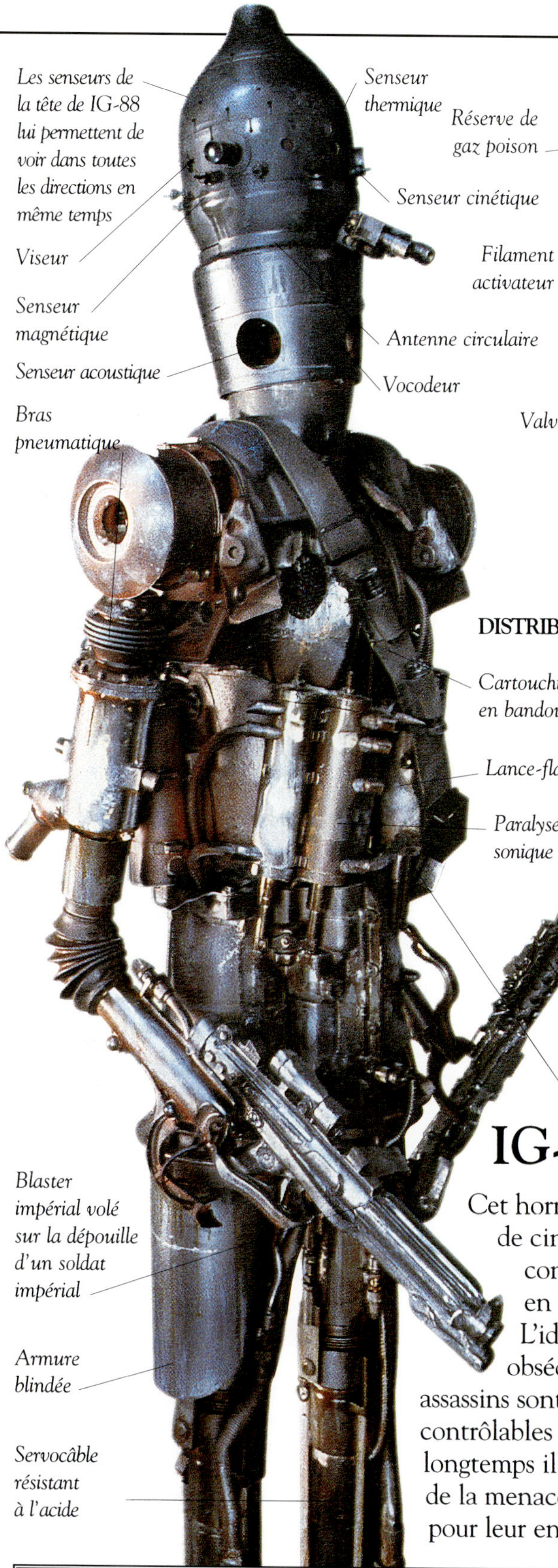

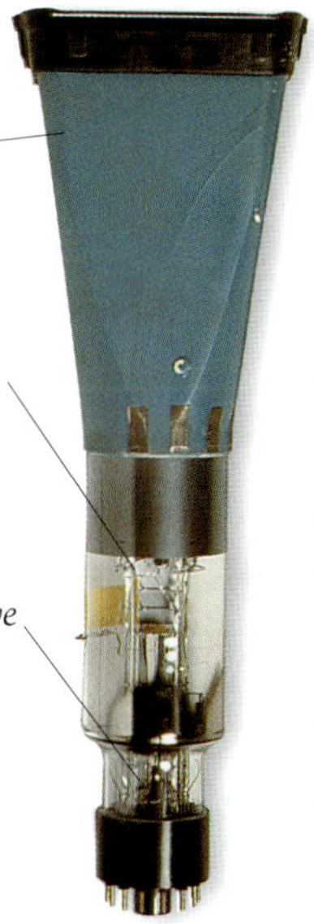

DISTRIBUTEUR DE GAZ TRION DE IG-88

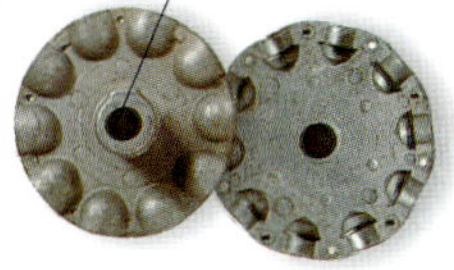

DISQUE À CONCUSSION DE IG-88

EXTENSION DE LAME DE IG-88

IG-88

Cet horrible droïde assassin fait partie de l'équipe de cinq robots identiques qui ont massacré leur concepteur quelques instants après leur mise en fonction et ont fui pour hanter la galaxie. L'identité incomplète de IG-88 en fait un obsédé du meurtre et de la chasse. Les droïdes assassins sont difficilement contrôlables et sont depuis longtemps illégaux en raison de la menace qu'ils constituent pour leur entourage.

Un droïde IG-88 a traqué le *Slave I* sur la Cité des Nuages pour tuer Boba Fett. Fett l'a attiré dans les sous-sols de traitement des ordures, l'a paralysé avec un canon ionique puis l'a achevé, laissant sa carcasse au recyclage.

Dengar

Formé pour être un assassin de l'Empire, Dengar a subi une opération chirurgicale du cerveau qui a remplacé son hypothalamus par des circuits intégrés, ce qui fait de lui un meurtrier sans émotion. Aujourd'hui chasseur de primes indépendant, il en est à sa vingt-troisième chasse. Il a été autrefois gravement blessé à la tête en poursuivant Yan Solo dans les marécages de cristal d'Agrilat, et a gardé contre lui une rancune personnelle.

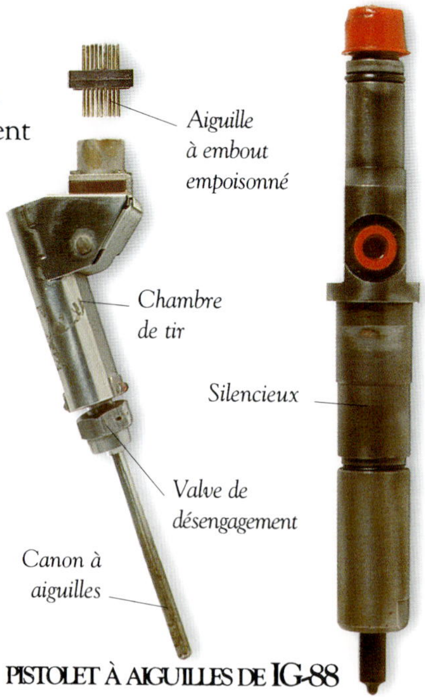

PISTOLET À AIGUILLES DE IG-88

DOSSIER PERSONNEL

- ◆ Des droïdes IG-88 ont attaqué Boba Fett plusieurs fois, endommageant sévèrement le *Slave I* mais n'atteignant jamais Fett lui-même. À ce jour, Fett a détruit trois de ces droïdes assassins.
- ◆ Dans la culture rodienne de Greedo, la chasse à l'homme est considérée comme un sport. Mais Greedo perdra le match contre Yan Solo.

4-LOM Zuckuss

4-LOM

4-LOM était un droïde protocolaire sophistiqué conçu pour prendre l'apparence de l'espèce de son maître, mais son programme s'est altéré et il est devenu un criminel spécialisé dans l'anticipation des mouvements de sa proie. Travaillant en binôme avec le traqueur Zuckuss, il fournit des informations à son partenaire aux mystérieuses manières.

Zuckuss

Le chasseur de primes Zuckuss pratique les rituels religieux mystiques des traditions des traqueurs de son monde natal de Gand. Ses inexplicables facultés rendent les autres chasseurs de primes mal à l'aise. Zuckuss est un traqueur infatigable étrangement efficace.

Boba Fett Bossk

DÉTONATEUR THERMIQUE DE BOUSHH

LAME DE LA LANCE ET FIXATION PARALYSANTES DE BOUSHH

Bossk

Trandoshan reptilien, le dur et résistant Bossk a d'abord traqué les esclaves en fuite avant de courir les primes affichées par l'Empire (douze captures au total). Les Transdoshans ont la faculté de régénérer leur peau, leurs doigts et même leurs membres jusqu'à l'âge adulte atteint par Bossk. Aimant vider son chargeur dès que possible, il est aussi vil et mauvais que peut l'être un chasseur de primes.

Boushh

Dans une galaxie où tant de créatures étranges agissent en chasseurs de primes (ou prétendent l'être), il a été facile à la princesse Leia d'adopter l'identité d'un chasseur ubese, en se déguisant avec le casque et les vêtements d'un traqueur mort. Déguisée en Boushh, la formation militaire de Leia lui a été utile et seul Jabba a suspecté sa véritable identité.

Le palais de Jabba le Hutt rassemble souvent des chasseurs de primes car le Hutt met régulièrement les têtes à prix.

Les hommes des sables

FAROUCHES NOMADES DE TATOOINE, les hommes des sables ou « pillards du désert » rôdent dans des zones telles que la mer de Dunes et la Bordure extérieure, se mêlant au paysage pour rester invisibles. Maîtres du désert, ils survivent où personne ne le pourrait, protégés des soleils par de lourds vêtements. Leurs manières sauvages et violentes les éloignent des fermiers des exploitations hydroponiques et autres habitants isolés. En général, ils restent éloignés des villes et cités mais, à la morte saison, les pillards sortent des Bordures après le coucher des soleils jumeaux pour fouiller ou voler les ordures à la limite des zones habitées. Il vaut donc mieux bien s'enfermer la nuit. Les Hommes des sables n'entrent presque jamais dans les maisons mais ils pourraient massacrer dehors un résistant isolé.

Les banthas

Les banthas errent en troupeaux dans les dunes et les bordures de Tatooine. Les Hommes des sables utilisent ces animaux comme montures et bêtes de somme. Des liens se sont créés entre eux. Les Hommes des sables chevauchent en file indienne afin de cacher leur nombre.

LAME DE RITUEL
Les clans de pillards du désert pratiquent le sacrifice d'animaux, de prisonniers et d'Hommes des sables condamnés.

Les rares points d'eau des canyons, comme celui de Gafsa, sont sacrés pour les pillards du désert. S'approcher de l'un d'eux peut déclencher des accès de violence immédiats. Les intrus peuvent être capturés et sacrifiés.

DOSSIER PERSONNEL

- Les pillards du désert fouillent les poubelles à la recherche de métal pour fabriquer leurs terribles armes, les bâtons gaderffi.
- Bien que les Hommes des sables soient des nomades, les clans possèdent une grotte où ils se rassemblent pour les cérémonies ou pour enterrer leurs morts.

Les Jawas

DISSIMULÉS SOUS DES ROBES SOMBRES qui les protègent des soleils jumeaux, les Jawas, âpres au gain, fouillent les ferrailles, récupèrent les droïdes perdus et autres équipements dans les ordures ou dans les vaisseaux écrasés des paysages de Tatooine. Leurs yeux brillants leur permettent de voir dans les crevasses où ils se cachent, et leurs têtes de rongeurs sont hideuses. Même s'il existe des villages jawas, la plupart patrouillent dans les dunes et les rochers à bord de gigantesques sandcrawlers, véhicules obsolètes de l'ancienne ère minière. On peut faire de bonnes affaires parmi les ferrailles réparées par les Jawas, mais ils sont connus pour escroquer les acheteurs inattentifs.

Les droïdes qui errent sont la cible favorite des Jawas. Les Jawas transportent des pistolets à rayons rétensifs qui leur permettent de revendiquer la propriété de droïdes itinérants. Un tube à succion magnétique mène les droïdes capturés dans les entrailles d'une chenille des sables nomade.

Dégradées et rouillées par les tempêtes de sable et les rayons des soleils, les sandcrawlers constituent des prisons pour droïdes, des processeurs métalliques ou minéraux, et de la ferraille de toutes sortes.

CELLULE ÉNERGÉTIQUE DE RECHARGE IONIQUE

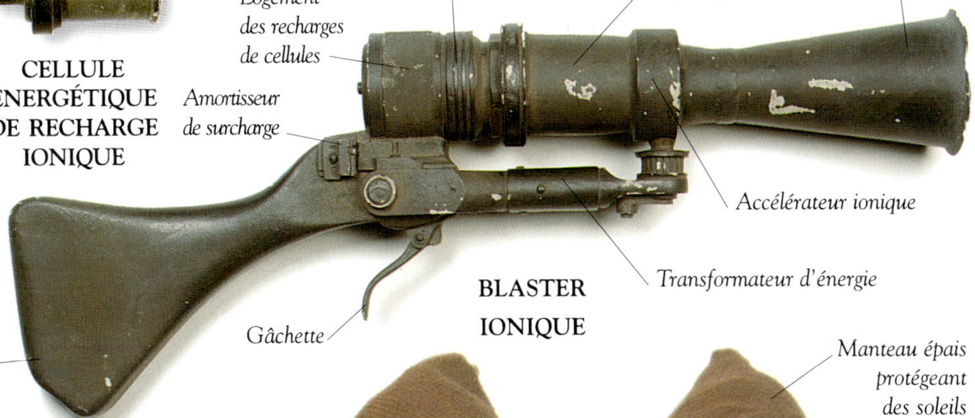

BLASTER IONIQUE

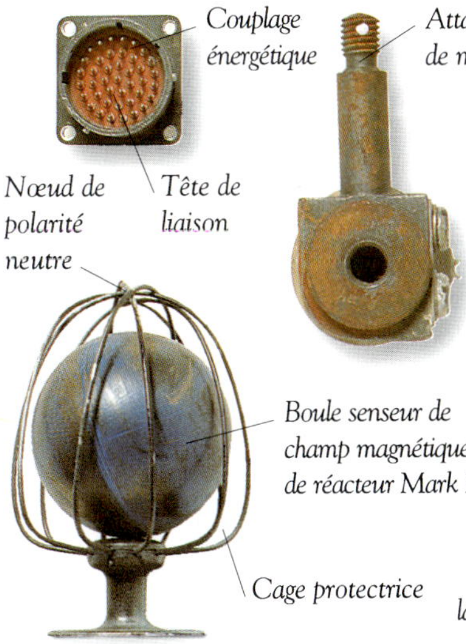

PIÈCES DE DROÏDES
Les talents de recyclage des Jawas sont légendaires. Si un droïde est irréparable, ses pièces sont récupérées (voir ci-dessus). Les nouveaux propriétaires d'un droïde acheté chez les Jawas peuvent y trouver des pièces auxquelles son concepteur n'aurait jamais pensé.

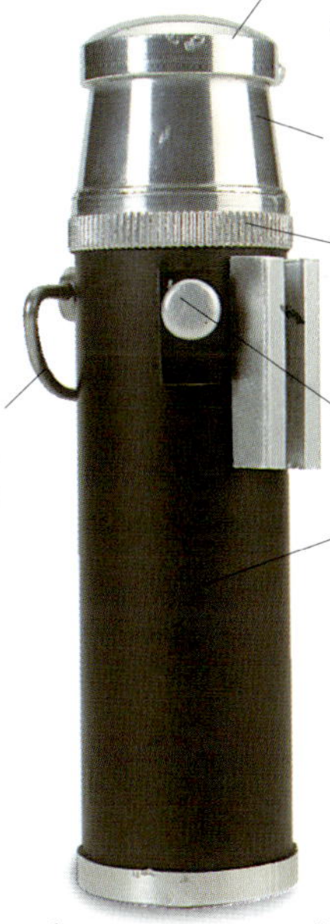

TIGE D'APPEL DES DROÏDES

DOSSIER PERSONNEL

◆ Les clans jawas se réunissent une fois par an lors d'une convention de récupération pendant laquelle ils vendent des droïdes et des équipements.

◆ Lorsqu'un sandcrawler arrive près d'une ville, les droïdes se cachent et les gens surveillent leurs speeders. Les objets disparaissent quand les Jawas sont dans le secteur.

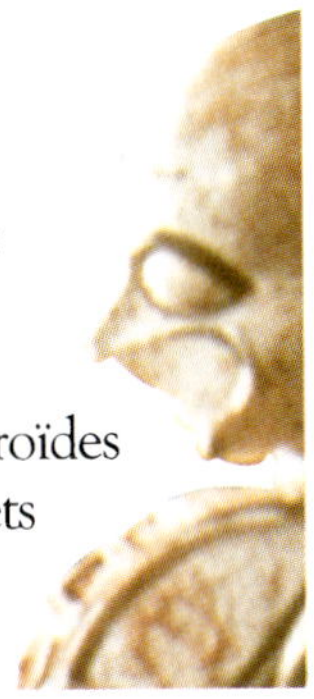

Les Ewoks

DANS LES PROFONDEURS de la forêt vierge, sur la lune émeraude d'Endor, les petits Ewoks aux allures de peluches vivent en harmonie avec leur environnement naturel. Ils perchent leurs villages en haut des arbres millénaires, reliant leurs habitations par des ponts de bois et des plates-formes suspendues. Les Ewoks chassent et se réunissent le jour au sol et se retirent dans leurs villages aériens la nuit, quand la forêt devient trop dangereuse pour eux.

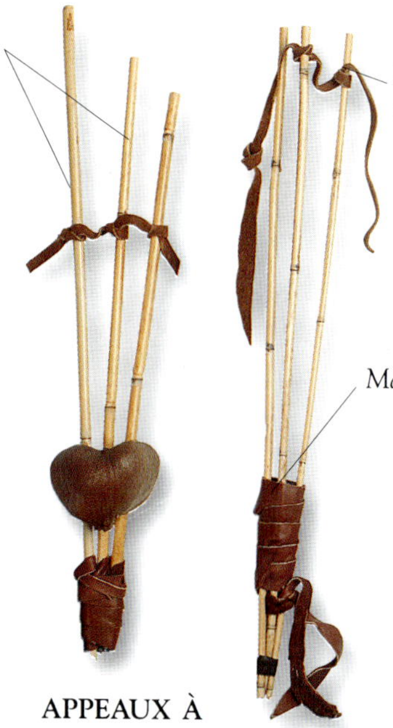

APPEAUX À OISEAUX CHURI

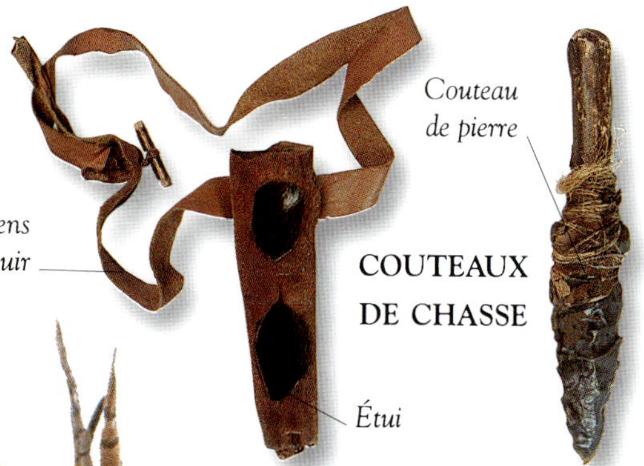

COUTEAUX DE CHASSE

Wicket W. Warrick

Jeune Ewok solitaire, Wicket se promène dans la forêt quand il rencontre la princesse Leia Organa. Sur la route qui les mène à la relative sécurité du village, il commence à lui faire confiance et à tomber sous le charme. Lorsque les amis de Leia arrivent, Wicket demande aux autres Ewoks de ne pas leur faire de mal, mais son caractère solitaire ne lui donne que peu d'influence auprès des anciens. Sa connaissance de la forêt est d'une grande aide pour les Rebelles lors de l'offensive contre les troupes impériales.

Teebo

Grand observateur des étoiles et poète dans l'âme, Teebo est en harmonie mystique avec les forces de la nature. Sa perception subtile lui permet de voir plus loin que le lui permettent ses yeux, mais c'est aussi un pragmatique. Son solide jugement en a fait un leader d'opinion au sein de la tribu.

MASSUES DE COMBAT

ÉQUIPEMENT DE CHAMAN

Le chaman Ewok se constitue une collection d'objets magiques et de remèdes de toutes sortes. Il invoque l'aide des ancêtres avec un bâton des esprits, et une baguette curative lui permet de soigner malades et blessés. La forêt offre de nombreuses plantes médicinales dont le chaman conserve les vertus dans un sac à talismans.

CRÉCELLE DE CHAMAN POUR REPOUSSER LES FANTÔMES

Logray

Chaman de la tribu et sorcier-guérisseur, Logray utilise ses connaissances en matière de magie pour aider son peuple et le tenir en respect. Il défend les vieilles traditions d'initiation et le sacrifice d'êtres vivants. Les trophées de son bâton magique sont les restes de ses ennemis. Il est suspicieux envers les étrangers, attitude renforcée par l'arrivée des forces impériales.

Chef Chirpa

Chef de sa tribu depuis 42 saisons, Chef Chirpa a la sagesse de l'âge. Il dirige son peuple avec compréhension, malgré quelques pertes de mémoire dues à la vieillesse. C'est sous son autorité que les Ewoks se sont engagés dans la lutte contre l'Empire.

DOSSIER PERSONNEL

◆ Même si leur technologie est primitive, les Ewoks déploient des trésors d'ingéniosité, construisent des planeurs et des pièges à l'intention des troupes impériales d'occupation.

◆ Les Ewoks portent dents, cornes et ossements des animaux qu'ils ont chassés comme trophées.

La faune de la Cantina

ON RENCONTRE toutes sortes de personnages et de choses étranges à l'astroport de Mos Eisley. Mais la Cantina de Mos Eisley est célèbre pour accueillir la clientèle la plus inquiétante de la ville, professionnels endurcis du voyage interstellaire et étrangers bizarres venant des coins les plus reculés de la galaxie. Ce n'est pas un endroit pour les mauviettes mais la Cantina offre à ses habitués une atmosphère pan-galactique qui les distrait de leurs mésaventures et du misérable trou de Mos Eisley. Le groupe en titre s'accorde à tous les goûts et, tant que des étrangers stupides n'entrent pas pour se faire exploser la tête, chacun peut passer un bon moment. On y passe des accords, on y boit et les mauvaises affaires s'y déroulent bien. Le patron du bar maintient un semblant d'ordre en menaçant d'empoisonner les boissons des créatures qui lui créent des ennuis.

Un vestibule à l'entrée sert de zone tampon entre la chaleur intolérable de l'extérieur et la relative fraîcheur de la Cantina. Il offre aussi à ceux de l'intérieur l'opportunité de guetter les nouveaux arrivants avant leur entrée.

Hrchek Kal Fas est un rude marchand de droïdes saurin qui, dans la Cantina, a toujours son garde du corps à proximité.

Dotés d'aptitudes naturelles pour le pilotage et la navigation, les Duros sont une espèce adaptée aux voyages stellaires. Ces deux-là effectuent des raids réguliers en transitant par Mos Eisley.

Ce Dévaronien se cache sous le nom d'emprunt de Labria. En fuite suite à un lourd passé, c'est une des créatures les plus recherchées de la galaxie pour ses crimes capitaux.

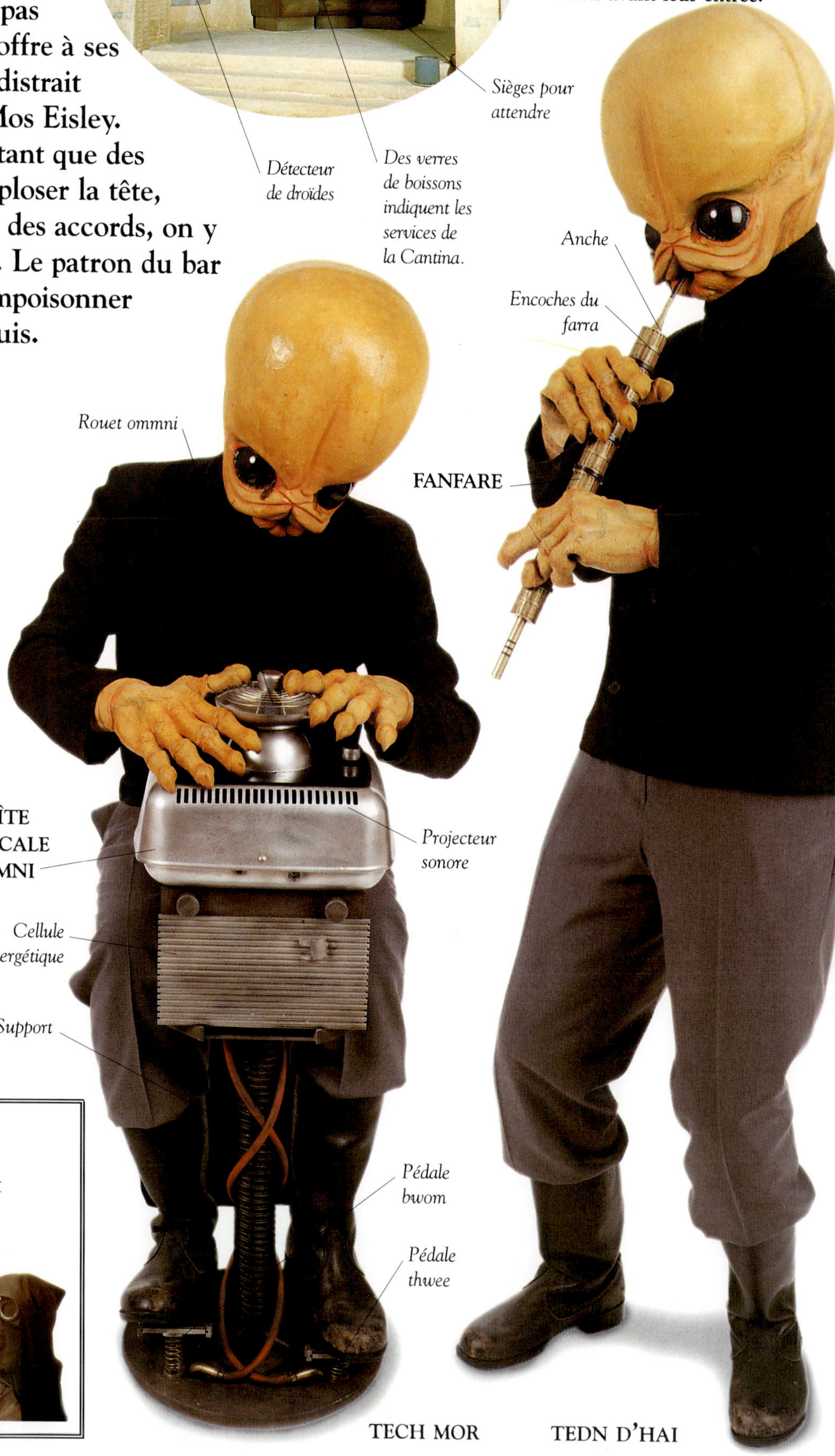

TECH MOR

TEDN D'HAI

DOSSIER PERSONNEL

◆ Quand Luke et Ben quittent la Cantina, ils ne s'aperçoivent pas qu'ils sont suivis par le Garindan mangeur d'insectes, misérable informateur portant un comlink impérial.

◆ Les corps et les membres qui jonchent le sol de la Cantina après les altercations disparaissent avant l'arrivée des autorités. Personne ne sait ce qui leur arrive.

Figrin D'an et son groupe

Les musiciens Biths qui jouent souvent à la Cantina sont des créatures très intelligentes aux aptitudes musicales très développées. Cet orchestre s'appelle les Modal Nodes. Même s'ils se plaignent, les membres du groupe apprécient leur vie de bohême et sont heureux d'avoir quitté leur planète natale Clak'dor VII. Le leader du groupe est un parieur qui vit bien et rembourse ses dettes grâce à ses mélodies. En même temps, il tente d'éviter tout ennui aux membres de son groupe. On leur a offert de jouer au palais de Jabba, mais ils sont trop intelligents pour accepter.

Vivant sous Mos Eisley dans des tunnels abandonnés, ce Talz appelé Muftak est un pickpocket. Les Talzs sont une espèce primitive qui utilise peu d'outils et que les esclavagistes emmènent dans l'espace.

Yeux pour vision diurne (yeux nocturnes en-dessous)

Les boissons légales et illégales de la Cantina y attirent des visiteurs inhabituels. Les Lamproides et autres espèces marginales se font servir des mixtures de sangs d'origines discutables.

La créature des sables aux dents acérées du désert de Tatooine peut mesurer jusqu'à 100 m de long.

Les créatures

UN NOMBRE INCOMMENSURABLE de formes de vies habite la galaxie, dont bon nombre n'est connu que de ceux qui les ont rencontrés et dont une myriade reste non classifiée. À la veillée, les pilotes spatiaux se racontent des histoires sur des créatures étranges vivant sur des planètes isolées ou dans les coins les plus reculés de l'espace intergalactique. Plus d'une fois, ces histoires se sont avérées vraies : des gémissements lugubres des bêtes des neiges qui hantent Hoth aux vers géants cachés sur des astéroïdes qui referment leur gueule sur les vaisseaux en fuite. Le voyageur incrédule est souvent le dernier à s'apercevoir qu'un tentacule entoure sa jambe et l'emmène vers une mort indicible. Dans une galaxie pleine de telles créatures, il vaut mieux être prudent.

Vers de l'espace

Les vers de l'espace, constitués de silicone, survivent dans le vide absolu en digérant des minéraux grâce à leur métabolisme d'uranium. Il y a peu, un ver spatial géant a été repéré par un Star Destroyer impérial lors d'une course poursuite dans un champ d'astéroïdes. Le ver a avalé une partie du vaisseau impérial avant d'être maîtrisé.

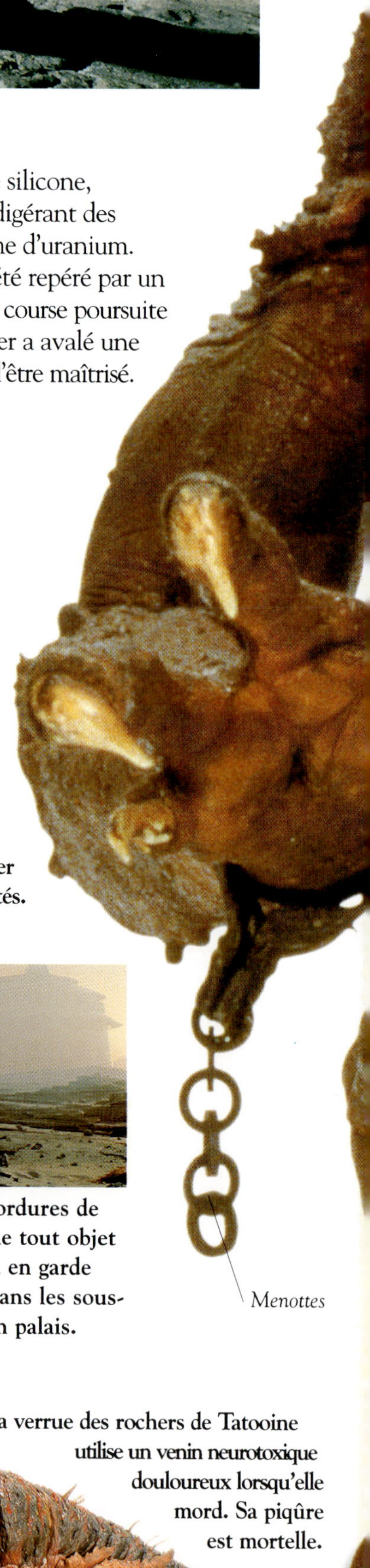

Les dociles rontos sont utilisés par les clans sédentaires de Jawas sur Tatooine comme animaux porteurs. Ils transportent les marchandises à des fins commerciales.

Dianoga

Les Diagonas (ou calmars des poubelles) se sont répandus dans la galaxie. Ils peuvent mesurer jusqu'à 10 m de long et vivent dans les ordures. Se nourrissant de déchets, ils sont parfois utilisés dans les stations orbitales pour recycler les rebuts. Les spécimens les plus âgés sont agressifs. Ils saisissent leurs proies avec leurs sept tentacules musculaires.

Les mynocks, parasites interstellaires constitués de silicones s'attaquent aux émetteurs de signaux et aux câbles énergétiques des vaisseaux, se nourrissant de leurs émissions d'énergie. Ils peuvent causer des dégâts graves aux vaisseaux infestés.

Le worrt habite les bordures de Tatooine, où il attaque tout objet en mouvement. Jabba en garde quelques spécimens dans les sous-sols qui entourent son palais.

Wampas

De 3 m de haut, les énormes wampas des glaces chassent les tauntauns et autres créatures dans les plaines enneigées de Hoth, où leurs gémissements lugubres se confondent la nuit avec le souffle du vent glacial. Prédateurs malins, les wampas sont normalement des bêtes solitaires, mais se regroupent face à une menace, comme par exemple un campement humain.

La verrue des rochers de Tatooine utilise un venin neurotoxique douloureux lorsqu'elle mord. Sa piqûre est mortelle.

Le rancor

Mesurant cinq mètres de haut, ce carnivore redoutable est doté d'une peau épaisse et d'une force colossale. Jabba garde cette bête dans une fosse sous une des cours du palais et la nourrit d'infortunées victimes vivantes. Le spectacle de ses attaques le distrait. Jabba conserve le secret sur son origine. Selon des légendes peu connues, il existerait des monstres ressemblant au rancor sur la planète isolée de Dathomir.

DOSSIER PERSONNEL

◆ Les diagonas changent de couleur pour prendre celle de leur dernier repas. Ils deviennent translucides quand ils n'ont rien mangé.

◆ L'animal domestique de Jabba, Hoover, paraît inoffensif, mais, la nuit, il grimpe sur ses victimes endormies pour sucer leur sang, glissant sa trompe sous les vêtements ou les couvertures.

Malakili, le dompteur du rancor, est devenu hors-la-loi quand une de ces bêtes de cirque s'est échappée et a tué une bonne partie du public. Jabba l'a ensuite embauché comme gardien du terrible rancor, auquel Malakili a fini par s'attacher.

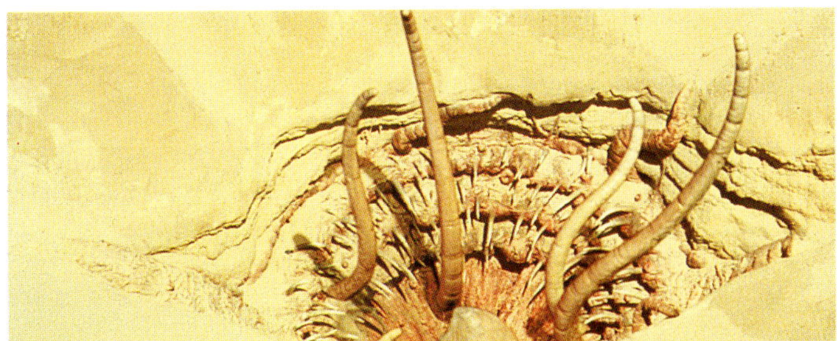

Étendu au fond de la Grande Fosse de Carkoon, le sarlacc saisit ses proies avec ses tentacules, et les jette dans sa gueule « dont personne ne sort ». Le sarlacc digère doucement ses victimes en une centaine d'années, se fondant dans leur métabolisme et les gardant en vie pour se nourrir de leur conscience torturée.

Les droïdes

Les droïdes mécaniques pevent avoir des milliers de fonctions. Ils évitent aux humains de travailler, effectuent les travaux minutieux ou dangereux et existent sous autant de formes qu'il y a de tâches. Leurs aptitudes à penser ou à communiquer varient, des droïdes de protocole conçus pour se mêler à des sociétés civilisées, aux droïdes utilitaires qui ne peuvent pas communiquer directement avec les humains. Les droïdes sont considérés comme des esclaves et méprisés par ceux qui « n'aiment pas les machines qui répondent ». Ceux qui les respectent un tant soit peu s'aperçoivent que certains droïdes ont une personnalité et une identité propres.

DOSSIER PERSONNEL

◆ Périodiquement, on efface les mémoires des droïdes pour éviter qu'ils ne développent une personnalité propre.

◆ Le motivateur du droïde agromech R5-D4 « red » a explosé. Owen Lars a dû le remplacer par D2.

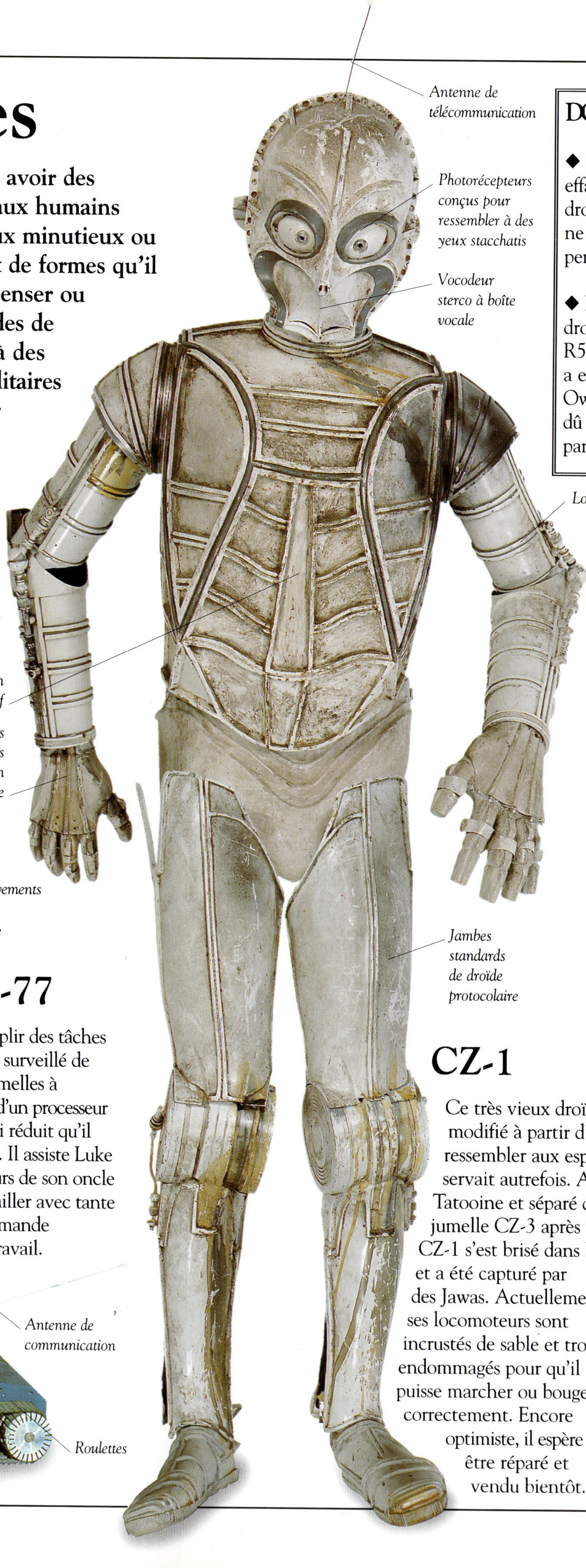

Les Jawas tentent de vendre tout ce qu'ils peuvent, ce qui les mène à proposer cet ancien droïde R1-G4 à Owen Lars. Un bruit de réacteur comme celui que produit ce vieux droïde ne passerait inaperçu que dans la salle des machines d'un gros vaisseau spatial.

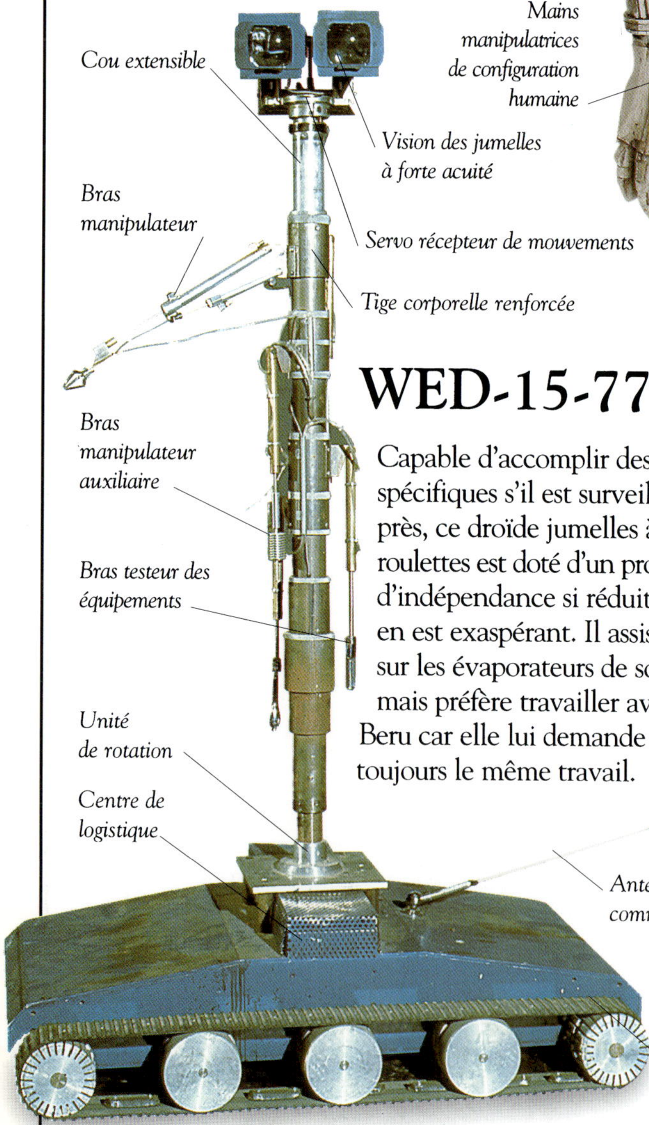

WED-15-77

Capable d'accomplir des tâches spécifiques s'il est surveillé de près, ce droïde jumelles à roulettes est doté d'un processeur d'indépendance si réduit qu'il en est exaspérant. Il assiste Luke sur les évaporateurs de son oncle mais préfère travailler avec tante Beru car elle lui demande toujours le même travail.

CZ-1

Ce très vieux droïde protocolaire a été modifié à partir d'un modèle standard pour ressembler aux espèces Stacchati qu'il servait autrefois. Abandonné sur Tatooine et séparé de son unité jumelle CZ-3 après un crash, CZ-1 s'est brisé dans le désert et a été capturé par des Jawas. Actuellement, ses locomoteurs sont incrustés de sable et trop endommagés pour qu'il puisse marcher ou bouger correctement. Encore optimiste, il espère être réparé et vendu bientôt.

Influencés par la cruauté de la cour de Jabba, les droïdes superviseurs du palais de Jabba blessent intentionnellement les droïdes récalcitrants.

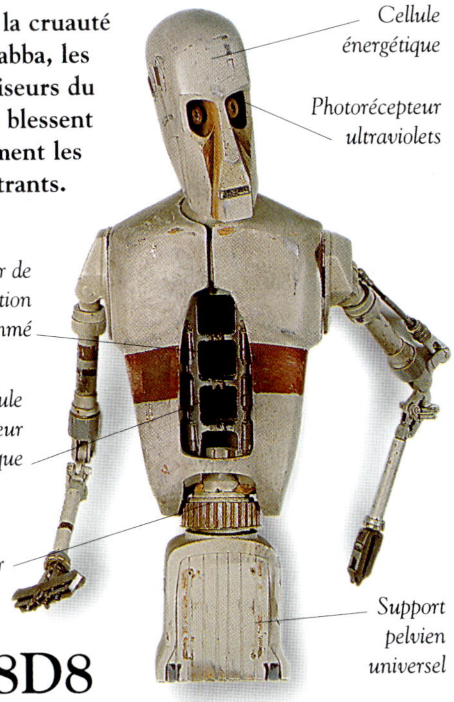

8D8

Connu pour ressembler à l'espèce trinn au faciès allongé, cet ancien spécialiste des relations droïde/maître a été lobotomisé et reprogrammé pour servir dans la chambre de torture des droïdes du palais de Jabba.

EV-9D9

Son programme ayant été corrompu, le droïde de surveillance EV-9D9 fait travailler les droïdes servant le Hutt jusqu'à ce qu'ils tombent en pièces. Il utilise des formes de torture de droïde pour obtenir une motivation optimale.

AV-6R7

Droïde superviseur impérial de série V, AV-6R7 surveille les droïdes bâtisseurs qui construisent la seconde Étoile Noire pour Moff Jerjerrod. On l'a privé de ses bras parce qu'il n'a pas réussi à garder la trace d'un droïde énergétique en faute.

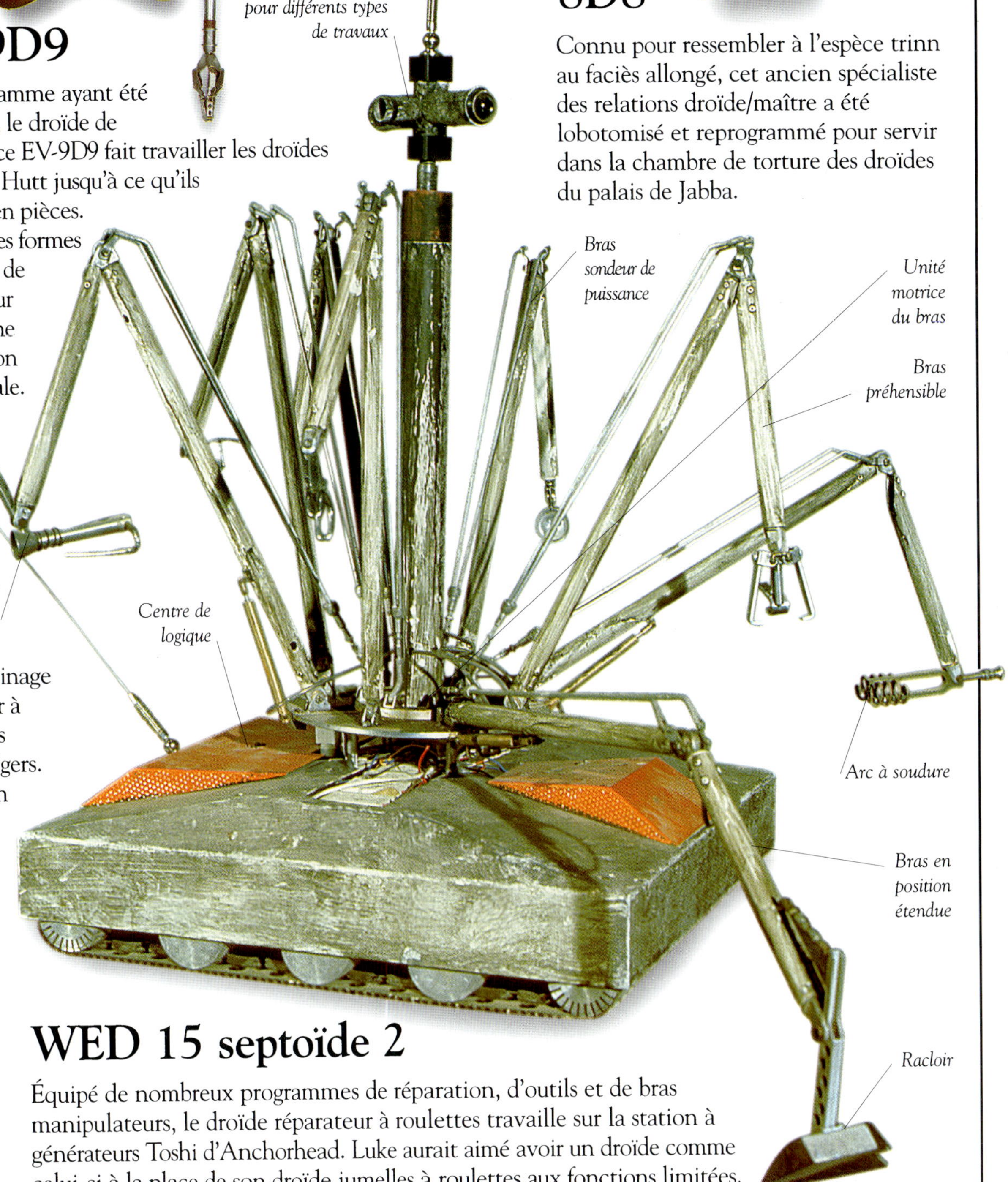

LIN-V8K

Doté d'un blindage solide, ce droïde de minage plante des explosifs. Il est capable de voir à travers les radiations, le brouillard et les bandes de sable et de terrains légers. Abandonné par une garnison militaire, il a été retrouvé par les Jawas.

WED 15 septoïde 2

Équipé de nombreux programmes de réparation, d'outils et de bras manipulateurs, le droïde réparateur à roulettes travaille sur la station à générateurs Toshi d'Anchorhead. Luke aurait aimé avoir un droïde comme celui-ci à la place de son droïde jumelles à roulettes aux fonctions limitées.

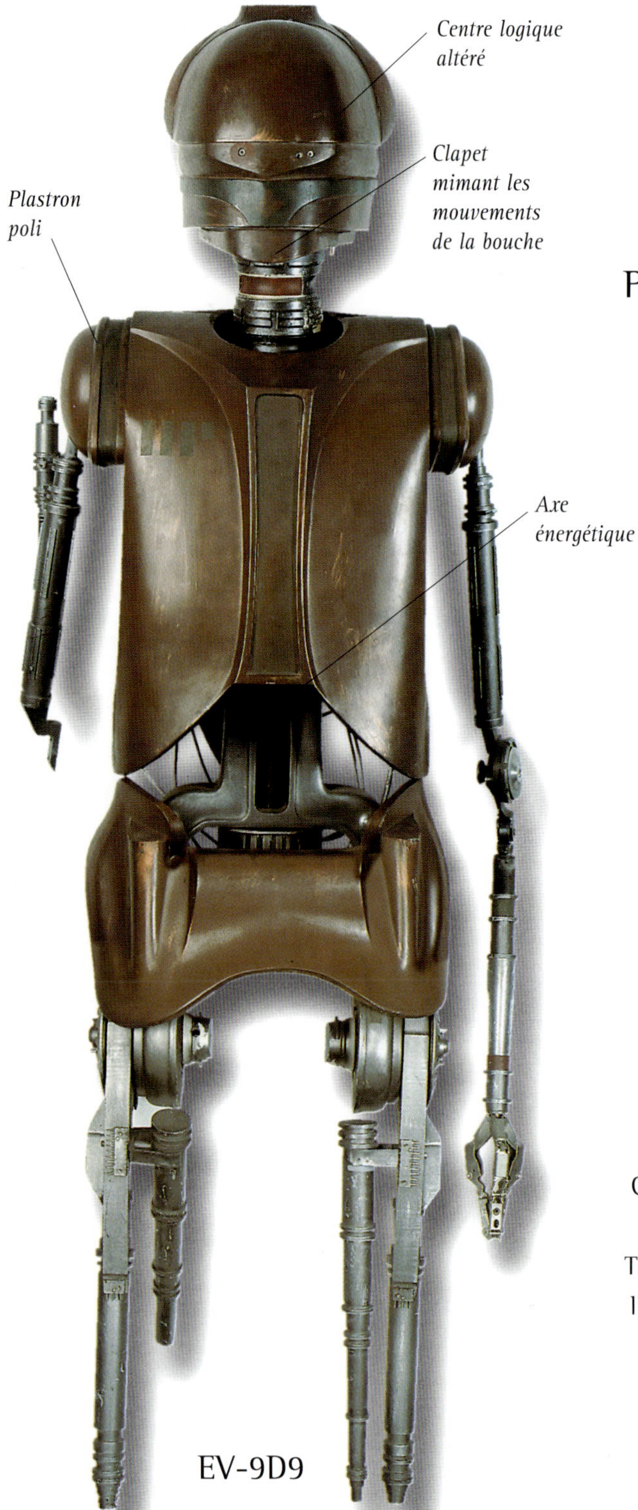

EV-9D9

DIRECTEUR ARTISTIQUE DU PROJET : Iain Morris
DIRECTEUR DU PROJET : David Pickening
DIRECTEUR U.S. : Jane Mason
DIRECTEUR ARTISTIQUE : Cathy Tinckwell
CONCEPTEUR D.T.P. : Kim Browne
PRODUCTION : Louise Barrett, Kathy Holmes et Steve Lang
ARCHIVISTE U.S. : Paloma Anoveros
RECHERCHE ICONOGRAPHIQUE : Cara Evangelista
PHOTOTÈQUE U.S. : Halina Krukowski et Tina Mills

N° d'éditeur : 10153054
ISBN : 978-2-09-240417-1
Dépôt légal : septembre 2008

ISBN : 2-7625-6288-0
Imprimé en Espagne

Conforme à la loi n° 49-956 du 16 juillet 1949 sur les publications destinées à la jeunesse.

Traduction : Vanessa Lac
Mise en page : Atelier Lauriot Prévost
Photogravure : Colorscan, Singapour
Impression : Artes Graficas Toledo, Espagne

Remerciements

L'auteur et l'éditeur remercient tous ceux qui ont participé à la réalisation de ce projet :
Paloma Anoveros, conservateur des archives Lucasfilm, Gillian Gilbert, coordinateur d'apparition des personnages chez Lucasfilm, Cara Evangelista, coordinatrice des publications sous licence chez Lucasfilm, Post, des studios Don Post, Mathew Clayson, des productions Hi Impact, Anne Marie Reynolds, l'auteur, et Edward Endres des laboratoires Fyberdynes ; Anna Bies, Fon Davis et Mark Buck d'ILM, Mark Wendt, des archives des produits Lucasfilm, Giles Keyte, Nelson Hall, Nick Turpin, Anne Sharples, Peter Kickling, Hellen Stallion et Patrice Girod, de Lucasfilm Magazine, pour ses connaissances techniques.

Crédits photographiques

Colin Keates (Natural History Museum) / Andreas Ensiedal : 25cd, 46hd ; Wallace Collection / Geoff Dann : 46 hcg ; Geoff Dann / Dave Rudkin / Tim Ridley / Bruce Chishdru : 46 hcg ; Martin Norris : 25c.